U0777805

杰弗里·摩尔
管理系列

断层地带

如何打造业务护城河

[美] 杰弗里·摩尔（Geoffrey A. Moore）◎著

季晓楠 凌炜◎译

LIVING ON THE
FAULT LINE
MANAGING FOR SHAREHOLDER VALUE IN
ANY ECONOMY

机械工业出版社
CHINA MACHINE PRESS

图书在版编目（CIP）数据

断层地带：如何打造业务护城河 /（美）杰弗里·摩尔（Geoffrey A. Moore）著；
季晓楠，凌炜译 . —北京：机械工业出版社，2020.7（2025.5 重印）
（杰弗里·摩尔管理系列）
书名原文：Living on the Fault Line: Managing for Shareholder Value in Any Economy

ISBN 978-7-111-65849-8

I. 断… II. ①杰… ②季… ③凌… III. ①公司 - 企业管理 - 研究 ②股份有限公司 - 股东 - 权益保护 - 研究 IV. ① F276.6 ② D912.290.4

中国版本图书馆 CIP 数据核字（2020）第 100577 号

北京市版权局著作权合同登记 图字：01-2008-0702 号。

Geoffrey A. Moore. Living on the Fault Line: Managing for Shareholder Value in Any Economy, Revised Edition.

Copyright © 2002 by Geoffrey A. Moore.

Simplified Chinese Translation Copyright © 2020 by China Machine Press.

Simplified Chinese translation rights arranged with Capstone Press through Bardon-Chinese Media Agency. This edition is authorized for sale in the Chinese mainland (excluding Hong Kong SAR, Macao SAR and Taiwan).

No part of this book may be reproduced or transmitted in any form or by any means, electronic or mechanical, including photocopying, recording or any information storage and retrieval system, without permission, in writing, from the publisher.

All rights reserved.

本书中文简体字版由 Capstone Press 通过 Bardon-Chinese Media Agency 授权机械工业出版社在中国大陆地区（不包括香港、澳门特别行政区及台湾地区）独家出版发行。未经出版者书面许可，不得以任何方式抄袭、复制或节录本书中的任何部分。

断层地带：如何打造业务护城河

出版发行：机械工业出版社（北京市西城区百万庄大街 22 号 邮政编码：100037）
责任编辑：李晓敏 责任校对：殷 虹
印　　刷：北京富资园科技发展有限公司 版　　次：2025 年 5 月第 1 版第 3 次印刷
开　　本：170mm×230mm 1/16 印　　张：15.75
书　　号：ISBN 978-7-111-65849-8 定　　价：79.00 元

客服电话：（010）88361066 68326294

版权所有·侵权必究
封底无防伪标均为盗版

THE TRANSLATORS' WORDS | 译者序

2005 年至今，中国股市经历了几次巨幅波动。股市大涨时，鸡犬升天，一些盈利能力差甚至亏损的企业股价屡创新高；股市萎靡时，泥沙俱下，众多蓝筹股也难以提振市场人气。我们不禁会问，什么决定了一只股票的价值？管理者该为此做些什么？

本书从股东价值谈起，把"管理股东价值"作为本书的根本立场，明确阐述了公司市场价值的内涵：在竞争环境中，公司的市场价值等于在当前和计划的生产经营活动下，未来可预计的收益用风险系数贴现后的现值。从直觉上判断，公司未来的业绩与当前的收益存在某种关系，作者由此提出了"竞争优势缺口"（GAP）的概念，即公司产品领先同类别产品的优势，GAP 越大，公司的股票越可能获得高的估值。如果预期公司会保持甚或超越当前的盈利水平，无疑会稳定股票价格，于是作者引出股票估值的另一个维度——竞争优势期（CAP），也就是公司能够维持竞争优势的时间。GAP 和 CAP

共同决定了公司股票的价值，GAP 关乎横向的比较，CAP 则是纵向的预期，较大的 GAP 和较长的 CAP 成就了公司增长的市场价值，管理层的使命就是让公司在这两方面都取得进步。

作者一直关注高科技产业的发展，他先前的两部著作《跨越鸿沟》和《龙卷风暴》都获得了市场的好评。在本书中，作者延续了自己一贯的思想，并做了积极的拓展。

在方法上，作者将公司的业务分为"核心业务"和"辅助业务"，以此作为资源分配的标准。公司应该把主要精力放在核心业务上，辅助业务则应该尽可能剥离，通过外包或合约的形式实现。这样做的目的无非是提升竞争优势，增大 GAP，延长 CAP，进而提高公司的市场价值。对于竞争优势，作者分门别类，配合以公司可采用的策略，分别对应，形成了一个竞争优势图。相对于传统的认识，作者引入了新的元素——颠覆性创新和品类优势。颠覆性创新指的是实现技术上的突破，将竞争对手甩在身后，进而占领大部分市场份额；品类优势指的是对某个行业尤其是细分市场的领导力，取得这种优势的企业可以制定行业标准，向上削弱供应商的力量，向下提高产品的价格。

作者所指"断层地带"就是颠覆性创新产生之前公司所处的不稳固状态。没有人可以预测这种创新什么时候会出现，也没有行之有效的管理方式去促成它，本书的意义在于让管理层和投资者认识到这个衡量准则，在管理和选择中给予它更多的关注。本书选取了大量的案例作为例证，这些案例多是关于著名公司的，若展开论述，必然要扩大篇幅，因此作者采用蜻蜓点水的手法，并未多着笔墨，感兴趣的读者可以查阅相关资料，以便深入理解作者的意图。

PREFACE | 前 言

　　人们说，诚实有益于灵魂的安宁，那么就让我从坦白开始吧。相对于初稿，我做了大量改动。先前的一些假设被证明是不可靠或错误的，一些漂亮的结论被证明是华而不实或浅薄的，作为作者，我本能地想要逃避。但是，我无处可逃。如果管理者和CEO们的缺点都可以被容忍，那么为什么要对作者和顾问如此苛刻呢？所以，就这样吧。

　　神奇的创造力总是引诱着你，却也躲避着你。当我要开始另一本书的写作时，我深深地感受到这一点。我发现，我所要表达的正是本书的一部分[⊖]。坦白地讲，我们在鸿沟集团的咨询工作从1999年开始才真正成熟，而先前版本的模型框架已经更新过多次，这些模型都包含在本书中。但是，对本书的大部分内容而言，所涉及的基本思想和模型不随经济环境的变化而变化。因为无论公司一帆风顺，还是身处逆境，

　　⊖　本书第1版出版于2000年，此前言为2002年本书更新版的前言。——编者注

对股东价值的管理最终还是要归结为对竞争优势的管理。

我试图在这次的更新版中，重新对经济环境做出假设。在本书 2000 年的版本中，互联网泡沫被视为洪水猛兽，投资原本可以增强美国公司的适应性，但当时造成了投资狂热。能够带来持续收益的颠覆性创新，远没有我假设的那么司空见惯。当你处于巨大的投资泡沫中时，时间的重要性大于收益。然而，一旦泡沫破灭，收益回到正常水平，对两者的衡量就要重新进行了。总之，我过去对新经济的论述看起来都是胡说八道。

让我们丢开这些，从以下视角来看待这个世界：久经磨难的科技行业、不再免受恐怖袭击的美国，以及长期以来，全球经济面临着前所未有的挑战。在这些背景下，讨论"新经济"还有意义吗？

我认为是有意义的，甚至比以往意义更大。管理股东价值要求更好地利用金融资本，如果我们对金融资本的需求没有清晰的理解，那么就不能很好地管理股东价值。应该知道，金融资本的首要需求是提升所投资公司的估值水平。

在 20 世纪，增加估值的途径是规模扩张。金融资本被用来扩张公司的规模。越来越多的业务被引入公司内部，以便降低成本。不能扩张的小公司会被淘汰，这就是强大的市场力作用机制。《财富》500 强企业就是在这样无情的环境中诞生的，在这个过程中，荣耀都归于大的机构。

然而，在 21 世纪，情况发生了转变。工作对技术的要求越来越高，也就要求投资与此步调一致。所以，对专注于某一项特定业务的公司来说，投资是高效的，而对那些大而全的公司，投资效果却不明显，因为这些公司会消耗投资的效力，而不会带来实际的竞争优势。通过购买专业的服务，小公司也可以达到大公司的生产力水平，或许只是增加少部分成本，但不会增加投资费用。相对于大公司，小公司反而可以增加对产品差异化的投资，获取竞争优势，而不必扩大规模。这种差异，很快就传导到股东最看重的资本回报率（ROIC）指标。

正如本书将要详细论述的那样，经济环境的变化让企业不得不重新权衡内部和外部的资源，以保持竞争优势。这是互联网时代带来的新理念。互联网将传统的界限打破，现在不同的企业甚至是不同地域的企业按照一种新的逻辑构筑价值链。不可否认，互联网经济才刚刚起步，它潜在的特性还没有发挥出来，同时这些特性的实现也没有日程表可言。关键的问题在于，互联网经济能走多远，需要多久才能把它的优势全部激发出来并在实践中应用。

我认为，随着时间的推移，"互联网时代"和"外包时代"将变成同义词，它们将共同铸造一个真正的新经济时代。电子产业的外包制造就是这种变化的标杆。除了少数情况，一家电子产品企业如果不采用这种战略，显然难以为继，要维持企业运营所需的复杂能力，投入的资本太多，而获得的收益太少。只有专业公司才能更好地筹集资金，因为通过它们的专业，可以创造足够的业务吞吐量来产生有吸引力的回报。因此，合同制造商与原始设备制造商共同进化，创造了一个全新的生态系统。

我认为服务业最终会追随制造业的脚步。既然生产业务可以外包，那么员工绩效考核、薪水发放、设施、数据中心或电子邮件系统管理为什么要自己负责呢？资本给管理层的压力越来越大，使得他们不得不专注于公司关键的创造差异化的业务——在本书中，我称之为"核心业务"，剥离所谓的"辅助业务"。

我们不要低估这种转变。转变带来了挑战，现在的网络基础设施和许多系统都不完善，失败的案例屡见不鲜。但是我认为，管理层面对当前世界，思维方式更应该改变。仅仅创造收益是不够的，目前最关键的问题是如何利用给定的资源创造出足够多的收益。更进一步，你能分辨在企业内哪些业务是高回报的，哪些又是低回报的吗？你能将高回报的业务作为企业关注的焦点，而将低回报的辅助业务委托给供应链上的其他公司吗？

本书的目的是为管理者提供一个解决这些问题的框架，并制定策略，以最大限度地利用投资资本。这就是我所说的管理股东价值，它并没有取代管理者对业务盈亏的管理，但它确实超越了业务盈亏管理，这也就是说，业务盈亏管理只是本书方法的一个子集。没有一个适应性更强的参考框架，管理者还是会继续遭遇投资者的无动于衷，继续抱怨华尔街的鼠目寸光，继续认为股票的价格只是基于分析师的一时之兴。如果采用本书提供的参考框架，或许还有理由继续抱怨，但是你会更深入地理解投资者的行为机制。

最后，我们应该清楚，新经济是一种关乎资本运作效率的经济形态。这意味着，在这样一个世界里，工作在由信息和物流系统相互联结的巨大的专业网络中被重新分配，这使得大量准时制流程得以开展。在这样的网络中，资本回报率比以往任何时候都高，因为每家公司都将资本投入到自己高回报的核心业务中，而那些低回报的辅助业务，则占用很少的投资，或被从业务范围内剔除。这种系统的总资本回报率远远超过任何其他选择。

毋庸置疑，这种新的经济形态更多是观念上而非现实的，但是，我们现在就可以为之付出努力，并创造出更高的股东回报。同时，如果我们真的能够将业务分散到尚未享受到全球繁荣的国家，并协同这些国家的人民共享经济全球化带来的繁荣，或许，我们真的能让世界变得更加安全和美好。

无论是长期还是短期，管理股东价值的准则都有其吸引人之处。就让我们在今后的商业活动中践行它吧。

CONTENTS | 目　录

译者序

前　言

第 1 部分 | 投资者的观点

第 1 章　理解股东价值　　005

股东价值的形象化　　008

创造股东价值　　010

品类能量与公司能量　　014

公司能量的损失　　018

股票价格向下调整会非常剧烈　　020

市值蒸发的疑惑　　022

第 2 章　核心业务与辅助业务　　024

核心业务与辅助业务：投资者的观点　　025

爬上下降中的电梯　　028

外包辅助业务，专注核心业务　　030

科斯的交易成本理论	031
剥离辅助的而非核心的业务	034
关键性任务与支持性过程	035
关键的辅助业务	037
只是重构流程吗	039
寻找可以撬动地球的杠杆	043

第2部分 | **管理股东价值**

第3章　股东价值的线性管理　049

为股东价值而管理销售	049
为股东价值而管理营销	053
为股东价值而管理专业服务组织	056
为股东价值而管理研发	058
为股东价值而管理运营	059
为股东价值而管理财务	061
为股东价值而管理投资者关系	065
在企业艰难时期管理股东价值	068

第3部分 | **竞争优势**

第4章　竞争优势层级　074

供给优势	075
客户优势	077
产业优势	079
品类优势	082
小结	083

第 5 章	四个估值准则	085
	优化运作	087
	客户亲和力	088
	产品领导力	090
	颠覆性创新	092
	小结	094

第 6 章	竞争优势图	096
	优化运作策略	097
	客户亲和力策略	100
	产品领导力策略	103
	颠覆性创新策略	106
	利用竞争优势图	108
	针对受管制产业的延伸	110
	小结	112

第 4 部分 | 断层地带

第 7 章	技术采用生命周期	118
	我们将去向何处	122

第 8 章	第一阶段：早期市场	124
	价值链策略	124
	竞争优势策略	126
	股票价格启示	130

第 9 章　第二阶段：跨越鸿沟进入保龄球道　132

价值链策略　133

竞争优势策略　135

股票价格启示　139

第 10 章　第三阶段：风暴时期　142

价值链策略　142

竞争优势策略　145

股票价格启示　148

第 11 章　第四阶段：主街　153

价值链策略　153

竞争优势策略　155

股票价格启示　158

断层地带的含义　160

第 5 部分｜**策略重整**

第 12 章　对基础的研究分析　165

研发　166

运营　168

专业服务　170

销售　172

财务　174

最终结果：再次陷入鸿沟之中　175

地震　179

第 13 章　重整直线职能　181

研发部门的重整　181

运营部门的重整　183

专业服务部门的重整　185

销售部门的重整　186

财务部门的重整　188

小结　189

第 14 章　重新跨越鸿沟　190

让董事会专注于更新是真正的挑战　190

组建一个甘于奉献的跨越鸿沟团队　194

瓦解徘徊的抵抗力量　197

不要仅击倒了一个瓶就停下来　197

小结　199

第 6 部分 ｜ 基业长青

第 15 章　塑造公司文化　204

四种基本文化　204

竞争文化　207

控制文化　209

合作文化　211

培育文化　213

小结　215

第 16 章　基于股东价值而管理文化　217

选择一种公司文化　218

宣扬一种文化	220
发展一种文化：融合、平衡与完满	221
合并与并购：在文化崩溃时	224
文化老化：当文化语境取代核心时	225
遇到风险时的培育文化	226
遇到风险时的竞争文化	227
遇到风险时的控制文化	228
遇到风险时的合作文化	229
以文化收尾	230
后记　淡化文化语境，强化核心	232

LIVING
ON THE
FAULT LINE

第 1 部分
投资者的观点

公司的管理层主要为四类主体服务：消费者、合伙人、雇员以及投资者。在这四类人中，投资者的影响力虽然最小，但他们会产生深远的影响。如果没有投资资本以及股权的流动性，公司永远无法超越当地业主经营企业的限制。

所以，还是要重视投资者，尽管我们对他们的投资动机并不全然理解。在多数情况下，我们会从负面去理解他们的投资动机——当公司不能兑现承诺，业绩不符合预期时，他们就会抛售股票，引起公司市值蒸发，进而导致公司的声望降低和收购货币损失。这正是投资者的观点的重要性所在，无论公司一帆风顺，还是身处逆境，它都能提供有用的导向。

在本部分中，我想要表达的意思很简单：投资者总是在寻找具有光明前景的公司，也就是说，当卖出股票时，他们希望接盘的投资者能够看到公司更好的前景。只有在这种情况下，公司的股票才能升值，投资者才能获得投资收益。当他们考察公司和管理团队的执行力时，最基本的原则就是，在未来，公司是否有美好的"钱"景。

从管理层的角度，这就意味着，你需要在投资者的注视下，将公司变得更强大。公司的强大，而非利润、收入或分红，才是股票升值的最根本动力。相反，如果公司的实力越来越弱，投资者迟早会对你失望。股价反映了公司实力的强弱，是投资者关注的中心。随着时间的推移，股价不断传递公司市场力的真实信息。所以，股价在公司的战略和执行层面上都具有重大意义，如果理解了这种观点，你将有效地提升管理团队的业绩，为公司赢得未来的竞争打下良好的基础。

作为信息系统的股票价格

股票价格的形成不是基于个人因素，而是由投资推动的，投资者往往对具有经风险调整后的最佳资本回报的资产进行投资。从整体上看，投资者代表了这种推动力。可能在短期内，投资者会受到蛊惑，一旦真相浮出水面，他们就会理性地做出投资上的调整。换句话说，他们对投资完全是出于自利的考量。

更重要的是，你可以认为投资者永远是对的。尽管作为个体，投资者经常失误，但从整体上长期来看，他们从不犯错。因为投资本身就是一个"优胜劣汰"的过程，失败的投资者会失去资产，进而失去投资的能力，而成功的投资者却可以增加财富，获得更多可用于投资的资本。最终，资本集中在那些最善于投资的人手中（当然，某些社会可能强制对它们的财富重新分配，不过这不是本书的内容。无论如何，每个投资者都希望财富可以积聚在自己手中）。

成功的投资者追寻的目标只有一个，即经风险调整后的最佳资本回报。这就要求投资者将资本投向那些竞争优势最突出的公司，换句话说，资本总是从那些处于竞争弱势的股票中流出，流向竞争强势的股票。下面我们会对此进一步讨论。

股票价格反映了公司的吸引力。日复一日，甚至月复一月，股票价格可能会受到许多因素的影响，要从短期的股价走势中获得真实的信息，简直不太可能。但是，随着时间的推移，这些随机噪声会相互抵消，可信的信号因此显现出来。这种长期的剥去噪声干扰因素的股价，奠定了公司的市场价值，反映了投资者参考同类企业，为公司未来盈利能力做的评估。尽管在短期内，公司的总市值或许不能反映真实的水平，但是与直接竞争对手的比价却是真实的。也就是说，如果你对特定行业的企业按照市值进行排序，那么你几乎总是可以得出它们的竞争力排名。

如果公司的股价一路上扬，我们会赞美投资者发现我们价值的智慧；相反，如果股价跌个不休，我们则会抱怨那些不忠诚或缺乏耐心的投资者过于短视。对股票的这两种不同的反应都是不恰当的，因为给了股票交易太多的人性色彩。股票交易非个人恩怨。资本就像水，它不会逆着竞争优势的重力向上流动。当然，可以用泵把它引上山，这是政府一直在做的事情，但这不是它的自然趋势，因此，只要允许资本遵循其自然规律，你就可以指望它指出竞争优势所在。

股票价格对所有的管理决策都有重大的指导作用。因为股票价格是一个关于竞争优势的信息系统，它会帮助你分析出何种市场有潜力，应采用何种战略，应该与什么样的公司合作，以及应如何执行你的战略。它可以帮助你别出心裁、出奇制胜，或者告诉你应该避开哪些行业，以减少损失。它也可以告诉你在哪里投资，在哪里撤资，用肯尼·罗杰斯的话说就是"知道什么时候应该'一把抓'（hold'em），什么时候应该放弃（fold'em）"[一]。

在这个意义上，资本流向更像是煤矿里的金丝雀[二]，对于竞争优势的变化，它可以成为最好的指向标，对你的公司是这样，对合作伙伴以及竞争对手也是这样。它是一个很好的参考体系。当然，不可否认，有些高手不按牌理出牌，会逆着常规逻辑进行投资。

本书的目的不是让你或者是你的公司成为资本的奴隶，特别是在一个充满噪声的投资环境内。相反，本书要告诉你如何从资本市场中取得有价值的信息。那么，第一步，我们就要揭开股价的神秘面纱。以你自己的方式开始本书的阅读吧。

[一] 一种扑克玩法。——译者注
[二] 因为金丝雀对瓦斯气味特别敏感，所以以前的矿工以此作为预警信号。——译者注

第 1 章

理解股东价值

你的股票价值几何？一份股权赋予了它的持有者享有一份未来收益的权利，持有公司的全部股权，就意味着你可以享有公司的全部收益。可是，你的股票到底值多少钱？如何判断呢？

这个问题源于未来的不确定性——一只飞翔在林中的鸟，而非手中之鸟，你怎样确定它的价值呢？投资者和分析师必须通过某种方式了解你的公司以及它未来的发展轨迹，以便决定在某个价格上买入还是卖出或是持有你的股票。

这需要某种通用标准作为估值的基本原则。先来看一个定义：

一家公司的总价值，即其市场价值，等于其当前和计划经营中可预测的未来收益经风险贴现后的现值。

我们来逐项分析这句话的含义。我们感兴趣的是现值，因为所有的投资都是从现金开始的，而投资者手中握着现金，不会轻易交付他人。那么，以投资者手里的现金计算，你的公司价值多少呢？只有买家和卖家在给定价格下，以现金交易公司的股权，才能得到公司股权的总价，每次新的交易也会形成新的估值。在股票市场的连续波动中，一系列不停的报价形成了一个以现金为标准的估值流。在任何时候，以当前的报价乘以公司流通在外的股票数，就得到了公司当前的总价值，或者说是市场价值。

上一次的交易价格，标示着公司的历史价值，也是下一次交易的参照基准。但它不会决定下一次交易，决定下一次交易价格的是对公司未来情况的判断。

投资者特别关注未来可预期的收益，这基于以下原因：

- 关注公司的收益，而非收入，因为收益是投资者拥有股权而享有的权益。⊖
- 它们是未来的收益，因为投资者对过去的收益没有索取权。在未来获得收益后，可以将这些收益按照股权份额分配给投资者，也可以再投资到公司的生产中。如果是再投资，投资者希望能够在未来获得再投资带来的额外收益，因此延迟享有收益。
- 最后，它们必须是可以预见的收益，因为投资者在将未来收益贴现为现值时，需要某些可靠的依据。

可预期性是投资的基础，因为较为明确的预期意味着较低的风险水平。在成熟的市场上，有较高可预期性的公司往往是市场的领导者，如企业系统产品领域的 IBM、电脑软件行业的微软，还有微处理器行业的英特尔。

⊖ 非常感谢瑞士信贷第一波士顿银行的迈克尔·莫布森给予我们编写本部分的指导，当然他对其中出现的错误不负任何责任。我尝试把金融理论中的术语翻译为通俗的管理学语言，这可能存在某些问题，所以在这里特别予以说明。从技术上讲，股市关注的是现金流而非收益。对大部分科技公司来说，这两个数字可能非常接近，但也有例外。问题是，收益在财务上可以有很多种定义，但并不是每一种定义都有价值——或者说并不是每一种价值都是投资者所关注的。另外，资金的流入流出可以准确无误地表现出公司价值的增加。但是，我将继续使用我们所熟悉的通俗语言来描述，尽管这会存在一些技术性的问题。

第 1 章 理解股东价值

然而对某些公司而言，预期比较困难，股价也因此波动剧烈，比如弱势市场上居于领导者地位的美国航空公司和联合航空公司，或者处于强势市场上却不是领导者的公司，如生产手机的摩托罗拉和爱立信。

投资者所关注的未来可预期的收益，必须来源于公司当前和预期的生产经营活动。也就是说，尽管投资者享有公司的一份收益，而不论这份收益是如何获得的——比如在公司驻地发现了金矿，更常见的，公司因参股其他的企业而受益——但是，在对股票估值时，投资者并不会考虑这些意外的收益。例如，尽管 Adobe 卖掉了所持有的网景（Netscape）的股权，获益 3 亿美元，但是这笔收入并没有给它的股票带来明显的利好。而且，尽管公司可以通过投资增加非主营业务收入，但这并不会取悦投资者。事实上，在 20 世纪 90 年代，戴尔的 CFO 曾热衷于这类活动，却并没有收到明显的效果。如果投资者想要承担额外的风险，他完全可以自己来做，而不需要其他人代劳。

以上讨论直接引出了最后一个短语——风险贴现。这个贴现用来补偿投资者投出自己的资金而带来的风险。毕竟，投资者购买一家公司的股票，就会承担某种风险：他可能血本无归，或者只能获得微薄的回报，或者他本可以有更好的投资选择。公司必须向投资者保证，其获得的回报将超过投资的量，以此作为风险补偿。问题是，这种风险补偿，多少才合适呢？

在所有的投资中，风险是完全无法预知的，只能通过概率描述，并且随着新信息的获得，无数的相关变量都会发生变化，风险的概率分布也随之改变。所以，精确的计算是无比困难的，只能通过自由市场上无数投资者的交易来决定股票的价格，进而决定风险水平。这也是股票市场波动的原因。面对蕴含风险的信息流，股市不断调整以达到新的平衡。这个过程不依赖于复杂的数学公式，而是通过市场上的投资者出于自利的交易完成的。当然，有些交易是合理的，有些则不然，但是所有的交易都会影响股市达到平衡的动态过程。我们永远无法预先描述这种平衡，只可以收到实时的价格记录。

现在，我们要重述一下：公司的市场价值，等于在当前和预计的生产经营活动下未来可预期的收益用风险系数贴现后的现值。你可以接受这个定义。但是，知道怎么定义并不代表你真正理解它。要真正理解股东价值，你必须对它有一个形象的认识。

股东价值的形象化

我们把上面出现的术语放置到图 1-1 [⊖]中。

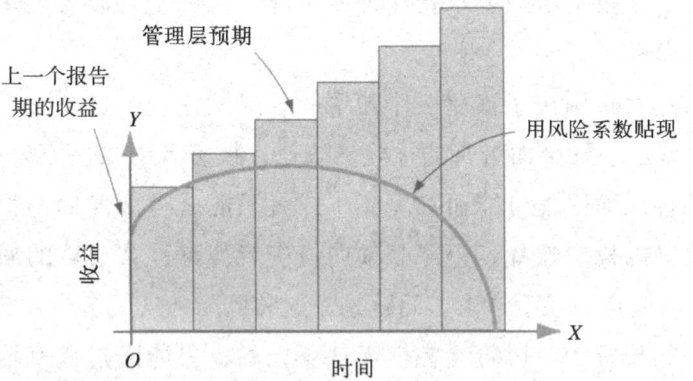

图 1-1　未来收益估价

在图 1-1 中，Y 轴代表收益，它以上一次报告的收益为基准。图中曲线与 Y 轴的交点就是上一个报告期的收益。X 轴代表未来的时间，每个竖条的顶点表示管理层对未来几年收益的预期。曲线代表投资分析员在将管理层的预期收益用相应风险系数贴现后的值。

⊖　原书图中无 X、Y 轴，现已加上。——译者注

将新的收益作为基准并做出新的预期，可以重画图 1-1。你可以考虑将竖条向左移动一个单位，最左边的就变成新报告期的收益了，它右边的竖条则代表下一个报告期的预期收益。同时，对公司的估值也要修正，相应地，会形成一条新的曲线。

曲线上的每一点都对应着一定程度的不确定性，曲线越靠右，不确定性就越大。靠近 Y 轴的预期收益，更接近管理层提供的数据。这是因为销售渠道、工作程序还有订单的连贯性使得随后几个报告期的收益情况更加明朗且容易预测。所以在这一区域中，并没有太大的风险贴现，除非管理层的诚信出了问题。

然而，曲线越往右，准确预期就变得越来越困难。以销售渠道的连贯性作为预期的依据已经行不通了，这时的预期更像是对投资和发展趋势的推断。随着时间跨度的增加，这种预期带来的风险逐步放大，同时风险贴现也在增大。所以，尽管未来的预期收益可能增加，但它们产生的现值却在减少，最终在曲线和 X 轴相交的地方，它的值变为 0，这说明对这个时间点以后的任何预期都不会影响投资者所能接受的估值。

因此，X 轴上时间跨度的增加，意味着对管理层的预期要赋予更大的风险系数。在 $X = 0$ 时，贴现率 $=100\%$，因为这是上一个报告期的数据，这些收益已经被收获。当 $Y = 0$ 时，贴现率 $=0$，这时，管理层的预期是毫无意义的——无论这个许诺的收益有多大。在这两点之间，通过投资者或分析员的判断，实际的贴现率被赋予某个中间值。

现在，我们暂时假定这种预期的方式能够反映公司的收入流，只生产单一产品且只有单一部门的公司就是这样。在这种情况下，我们可以给出下面的定理：**公司的市场价值由曲线和坐标轴所围区域的面积表示**（见图 1-2）。

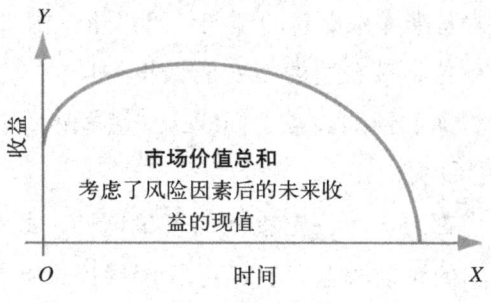

图 1-2　市场价值

也就是说，这部分的面积是市场价值（在当前和预计的生产经营活动下，未来可预期的收益用风险系数贴现后的现值）的形象化表示。投资者所购买的就是这个区域的一部分，持有一份股权就意味着有权占有这个区域的一个比例。

现在，让我们暂停片刻。

尽管要使图 1-2 和现实世界的情形对应起来需要做一些额外的修正，但我们还是可以使用此图作为理解估值问题的关键切入点。从投资者的角度看，任何公司的执行团队的工作就是扩大这个区域的面积，就是这么简单。那应该怎么做？

创造股东价值

要扩大曲线围成的面积，你必须将曲线向上或者向右移动。这就意味着：

（1）提高预期收益；

（2）将预期收益线沿时间轴向右扩展，或者最好让它与时间轴平行；

（3）做到（1）和（2）。

如果你做到了以上的全部或者其中的某一条，你就已经有效地为投资者创造了他们所寻求的美好前景。

说起来这并不困难。用微软的 PowerPoint，你可以轻松地将图板上某个小区域变大。但是，如何在现实世界中扩大这部分的面积，即增加股东价值，才是最关键的问题。要做到这一点，简而言之，就是要**在目标市场上提升你公司的竞争优势**（见图 1-3）。

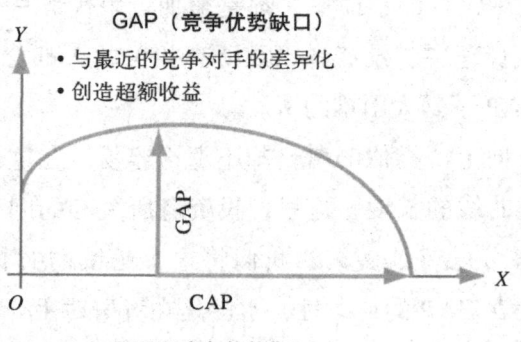

图 1-3　竞争优势

竞争优势有两个维度——时间和空间。对应于空间维度的是竞争优势缺口（GAP）。你可以把 GAP 理解为公司的产品与同类产品的距离，或领先程度。这是一个差异化的函数。你可以通过许多方法加大该距离：推出新产品，降低当前产品的成本，捆绑销售以增加购买者的价值，增强服务，等等。如果你这样做了，而你的竞争对手没有这样做，你就增加了你的产品的价值优势。

增大 GAP，首先表现在图 1-3 的纵轴上，因为它直接影响销售利润和总收入，即较大的 GAP 可以让你相对于竞争对手赢得更大的市场占有率，或者获得比以往更高的价格收益。当然，在很多情形下，这两者可同时获得。假定现有的成本结构不变，这种销售量和总收入的提升，可以直接创造更多收益，将图 1-3 中的曲线沿 Y 轴向上推移。

所有的管理团队，都非常熟悉围绕 GAP 的竞争。每次福特推出新型汽车，康柏推出新型个人电脑，或者 J. Crew 设计出新款衬衫，都意味着它们为获得 GAP 的竞争而采取了行动。每次你的公司对产品进行价格提升，增加新功能，或是降低某个组件的成本，也是为获得 GAP 的竞争行为。在以上的每一种情况中，目的很简单，都是增加竞争优势——简言之，通过差异化产品策略，管理层、投资者以及所有相关的人都会受益。总之，在 Y 轴方向上增大 GAP 不是太困难的事。

但在 X 轴方向上，类似的增长却不那么容易。在这个时间维度上，我们的目标是改变曲线的长度。这里，投资者所关心的问题是：你的公司表现出的竞争优势可以持续多久？我们将这个延续的时长称为竞争优势期（CAP）。CAP 代表 GAP 的持续性，也就是在竞争对手介入的情况下，你的公司能够持续坐享超额收益的时间。

CAP 带来的最大挑战是：那些改变 GAP 的行动总是短期行为，随着环境的改变，支撑这些行动的动因会消失，因此带来超额收益或利润的差异化策略也会大打折扣。为了保证持久的 CAP，必须对潜在的竞争对手设置市场进入障碍，或者让销售者和合伙人转向竞争对手的成本足够高，当然同时做到这两点再好不过了。在这些情形中，竞争——至少在短期内——不会对你的策略产生实质性的影响，进而延长了你的竞争优势期。

较长的 CAP，可以稳固对超额收益的预期，在图 1-3 中表现为：曲线在 X 轴上方向右延伸，这将对公司的股价产生积极的影响。在 X 轴上方向右延伸，意味着长期风险的有效降低，致使风险贴现率降低，进而提高股票的价格水平。

下面，让我们在图 1-4 中观察增大 GAP 和延长 CAP 带来的变化。

第 1 章 理解股东价值

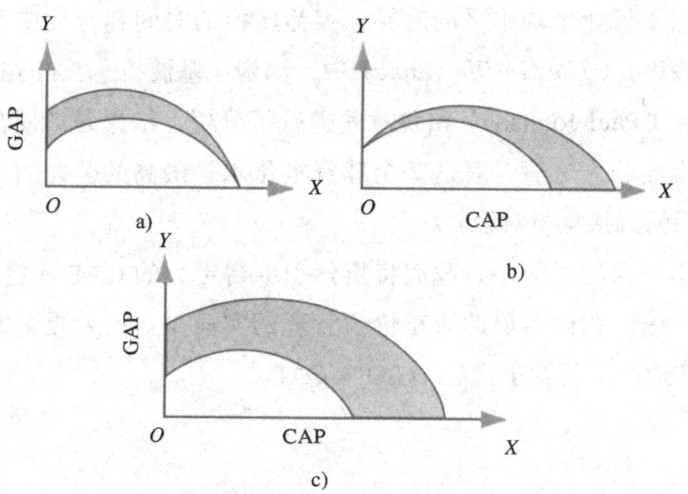

图 1-4 增大 GAP 和延长 CAP

比较一下估值增加的区域。在图 1-4a 中，上一报告期收益的增加使得投资者在 Y 轴上以稍高的起点重画他们的曲线。但这并未改变他们对 CAP 的认知，曲线只不过沿着比这更高的起点出发的轨迹到达了同一个终点。相比较而言，在图 1-4b 中，季度收益与预期相同，因此 Y 坐标保持不变，但是竞争领域发生了改变，这种改变引发投资者对长期看好，从而引发对公司价值的重估。现在我们注意到，与图 1-4a 相比，在图 1-4b 中曲线下面增加的面积具有更大的实际价值。这表明持续性的增强比短期的改进更具价值，原因是：在图 1-4b 中，投资者对超额收益会有更加稳固的预期。它可以很好地证明投资市场实际上并不像人们所想的那样是短期的。

当然，市场真正希望的是在两方面都做到最好，就像图 1-4c 那样。它表示了一个典型的结果，即无论在什么情况下，一家公司在快速增长的市场中取得了市场份额的领先，都将使它不仅得到直接回报（讲求实际的客户喜欢倒向胜利者一边，几乎不理会其产品是否真的更好），而且保有长期持续力（固执的客户和行业合伙人更倾向于保持已有的关系，甚至是在这家公

013

司的收益低于行业平均水平的时候，因为转换的时间和金钱成本太高了）。在《猩猩游戏》（*The Gorilla Game*）中，汤姆·基波拉（Tom Kippola）、保罗·约翰逊（Paul Johnson）和我对此进行了分析，结论是即使在世纪之交科技股票泡沫破灭之后，对这些全球资本化水平最高的公司的估值，也远远超过它们的直接竞争对手。

在本书下面的章节中，我们将聚焦于取得更大的 GAP 和更长的 CAP。或者换种说法，我们所说的股东价值管理的实质是：投入更多的时间和管理精力来塑造坚实的竞争优势（GAP × CAP）。

品类能量与公司能量

在一个经济体中，竞争优势存在于两个不同的层次。当涉及特定的公司时，这一点表现得最为显著。它的度量是通过对一系列同类公司的收入、盈利、市场份额以及最重要的——市场价值——进行比较而得到的，与此同时，竞争优势也存在于不同品类之间。这意味着，某一类业务对投资者的吸引力要大于其他品类。这种情况是怎么发生的？

谨记：投资者是在寻找光明的前景。这是他们能以比买入价格更高的价格出售公司股票的原因。因此一类业务对投资者的吸引力是它可预期的前景的函数。举例来说，从这个角度考虑，处于生命周期晚期的品类一般就不如处于生命周期早期的品类那么有吸引力，并且周转速度和利润率高的品类也更具吸引力。

下面列出了对品类能量影响最大的几个因素。

● 市场规模和饱和程度：影响收入增长。

第 1 章　理解股东价值

- 商业周期：影响短期收益，GAP。
- 典型毛利润：影响潜在盈利，通常影响 CAP。
- 交易速度（购买频率）：影响资金回笼。
- 资金需求：影响资金回笼。

上述因素使得投资者在选择投资的公司之前首先选择投资的品类。这对管理股东价值有着重大意义。某些重要的思想往往表述起来很简单：公司能量存在于品类能量之中。或者也可以这样说，一家公司不可能比它所处的行业更有能量。或再换一种说法，一家公司的价值是它所处品类的价值用它在品类中的位置进行因式分解之后的函数。

当然，多数公司涉猎好几个品类，会或多或少影响这条原则的准确性，但最终这条原则还是会起作用。这就导出了管理股东价值的第一条规则：管理公司涉足的行业。特别是当公司大力投资的品类正处于衰退期时，其管理应当实施如下一系列行动。

从衰退的品类中退出

20 世纪 90 年代，德州仪器取消了防御合约、计算机和消费者产品等一些业务，将资源集中于它的数字信号处理芯片业务。这样做之后，其股票价格大幅上扬。类似地，诺基亚也通过取消一些业务并聚焦于移动电话制造，实现了股价的上涨。

分拆

有时一家公司活跃在数个有着不同风险收益比的品类。这时投资者会感到困惑，因为他们无法把他们的资金百分之百地投入到他们期望配置的资产。也就是说，高风险偏好的投资者希望把他们的钱投向某处，低风险偏好的投资者则相反，这将导致双方对股票的估值都要打一个折扣。分拆或者分离是这种情形下增加股东价值的一种策略，正如惠普将 Agilent 分离出去那样。类似地，通用汽车公司分离 Delco，福特公司分离 Visteon，都是这一策略的表现。

巩固

在某些时候，公司的主营业务所处的品类处于衰退期，此时退出绝不是好的选择。这时候巩固是增加股东价值的一般模式，巩固可以减少竞争并夯实行业基础。在高科技领域，CA 公司在衰退期就是这么做的。

关注纵向市场

尽管某一品类可能总体上正在衰退，但对纵向市场的调整以及这些市场的特定需求，常常孕育着恢复盈利和实现增长的潜力。20 世纪 80 年代和 90 年代早期，税务和审计服务逐渐变得平常，那时的八大咨询公司进行纵向重组以支撑收入。在高科技行业，PeopleSoft、Lawson Software 将横向的财务和人力部门转化为纵向，并通过这样强制的适应性策略摆脱了困境。

横向一体化

在技术市场上，客户通常非常希望有一家公司提供所有的 BoB 软件和硬件。这使得品类发展速度减缓，且品类估值也会缩水。对此，一种对策是将相关产品整合到一起，由一个厂商提供。在系统管理和 ERP 软件行业，Vertias 和 SAP 采用的都是这种策略。在互联网应用平台行业也类似，比如 IBM、BEA 和 Oracle，它们都将一系列的功能整合到一个软件包中。

纵向一体化

品类成熟之后，新增用户这个在品类成长初期的增长引擎已经不再强大，这时优胜策略往往是纵向一体化。这样会增加对消费者的控制，可以从消费者的口袋里掏出更多的钱。在 20 世纪 90 年代以及 21 世纪初，IBM 和甲骨文公司在企业系统领域都进行了纵向的扩展，苹果公司对消费产品也做了类似的调整。

在价值链上移动

随着品类的发展与成熟，竞争优势以及由这种优势带来的利润，所处的环节是经常变化的，跟上这种变化的公司便能够增加股东价值。例如，柯达从一家照相机公司变成了一家电影公司，吉列的重心从剃刀转移到剃刀刀片，更有甚者，惠普一开始制造仪表，然后生产计算机，再后来又销售打印机，现在它的主打商品是油墨。

超越和品类内改造

在更激进的情况下，面临品类衰退压力的公司可能会通过对自身的完全改造来应对这个问题。孟山都（Monsanto）公司从它传统的化工品类退出，转而制造生物工程产品。通过与时代华纳的合并，美国在线完全改变了其品类动态和投资重心。而微软通过实施 .NET 这一前景光明且意义深远的策略对原有技术进行再创造，实现了从产品供应商到服务供应商的角色转变。

瓦解、颠覆品类

当所有方法都行不通时，那就是开始一场革命的时候了！主营无线电话业务的高通（Qualcomm）公司和制造存储器芯片的 Rambus 公司均采取了这种策略。这也是 HMO 改造医疗保健业的动力，而安然公司将它的能源业务改造成了一系列的金融期货服务。这些案例足以载入史册。

综上所述，股东价值管理始于管理公司与品类估值的联系，也就是说，一个品类需要很长时间来发展并且不能被轻易地或经常性地改变，因而日常的管理工作应集中于公司能量的层面。这是本书重点关注的内容，现在，我们将转向这一话题。

公司能量的损失

尽管在金融界没有万有引力定律，但先涨后跌的事情经常发生。因此，在开始讨论管理层怎样才能增大 GAP 和延长 CAP 来提高股票价格之前，我们最好先弄明白什么情况下它会朝相反的方向运动，这里以季度财务报告公布后股票价格下跌这样一个最简单的例子来说明。

季度财务报告是对上季度盈利情况的综合报告，用以检验公司该季度的实际收益是否达到公司承诺。实际上，这将重新设定 Y 轴上 GAP 的起始点，这个点可能高于也可能低于或等于一季度报告曲线中的预期收益（见图 1-5）。

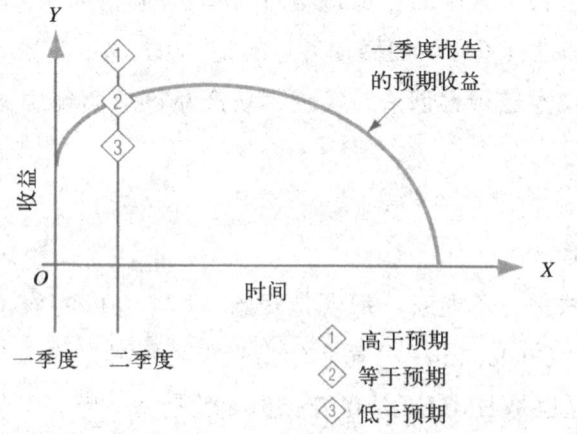

图 1-5　二季度财务报告的影响

根据这个结果，投资者会判定公司的价值是增加还是减少了，或保持不变，公司的股票价格也将随之发生相应的变动。

对于投资者来说，季度财务报告的意义（实际上是对股票价格的唯一有意义的影响）是他们确认市场对公司的现有估值。管理层是否已经开始实施既定策略？这种策略是否奏效？如果报告中的数字能够说明这些问题，公司的股票价格就会继续随同品类公司的股票一起变动，其步调取决于该类公司与市场上其他品类的公司相对价值的比较。然而，如果报告的数字达不到预期水平，市场就会借季度财务报告发布的时机来调整对公司股票的估价，而且波动通常会非常剧烈。

在调整的过程中，市场表现出一种令人吃惊的不对称性：如果每股收益超过先前的估计几美分，公司的股票价格可能根本就不会上涨（有时甚至略微下挫）；相反，如果每股收益低于估计水平几美分，公司的股票价格在一天之内可能轻而易举地下跌50%。这看起来既缺乏理性又不公正，但实际上它既理智又公平，为什么呢？

当实际业绩超过先前的估计水平时，它通常只是超过已公布的估计而已。众所周知，公布的估计数字往往有所保留，除非特殊情况，否则管理层和投资分析师都愿意做一定的保留。这为下一次预测时调高结果留下了空间，有时候，人们称之为"吹风数"，投资者通常将其当作参考标准来衡量下一期的报告。在有效的市场上，估价会向这一预期的收益移动，并根据公司对竞争优势地位的实际报告做出相应的调整。因此，当管理层的业绩达到已公布的估计数字时，公司的股价也可能下跌。这既可能是因为整个品类的相对表现欠佳，也可能是因为公司没能达到其"吹风数"。

不过，在这两种情况下，当收益超过已公布的估计几美分时，调整一般比较温和，然而当公司收益不幸低于已公布的估计数字时，情况就完全不一样了。

股票价格向下调整会非常剧烈

投资者知道管理层在设定目标时都尽力保证目标的可实现性，但仍有可能发生目标无法实现的情况。当的确出现这种结果时，这意味着管理团队已经耗尽了它所有的保留业绩，启动了所有的安全阀门，而且仍然没有太好的结果。这对未来可不是什么好兆头。

当公司收益未能达到其预期数字时，这通常反映了公司在几个季度以前甚至更早以前就存在问题了，而且公司可能要花几个季度甚至更长的时间来纠正它。这就是说，虽然管理团队的业绩在以前的所有季度中都达到了预期的数字，但现在我们认为他们已经无能为力了。当管理团队最终无法拿出像样的季度报告时，投资者会立即做出的反应通常是，公司的竞争优势地位可能已经被侵蚀很长一段时间了。更为糟糕的是，他们预期在接下来的时间内情况还会继续恶化。为什么呢？

短期问题通常归结为 GAP。不论出于何种原因，公司的产品不再像以前那样有吸引力了。销售收入或毛利率不断下降，甚至是两者同时下降。如果公司在一夜之间就可以魔术般地恢复其 GAP，那么一切都好说。有些时候，这种事情确实会发生。例如，当一家公司将其生产线从旧的平台移向新平台时，其财务状况几乎总会出现至少一个季度的恶化，因为客户停止了老产品的购买，等着采购新产品。在这种情况下，一旦新产品下线，积压的订单就会得到释放，一份亮眼的季报将会补偿前一季度的糟糕表现。

但是，在其他情形下，问题可能不是这样的。新进入者可能会搅乱市场；一些公司可能正在试图以毁灭性的价格来换取市场份额；其他一些公司或许能够放弃该产品以执行另外一份有吸引力的服务合同；或者，当我们的产品摆放在售货亭的时候，我们的竞争对手就已经推出了更好的产品。在以上任何一种情形下，公司的 GAP 都将会从某个时刻开始受到影响，甚至是永久性的影响。GAP 的缩小将立即导致公司市值的减少。

但这还没完。让我们考虑一下 GAP 的恶化会对 CAP 产生什么样的影响。当公司的市场力量全盘弱化时，其价值链上的其他成员开始重新审视它们的联盟，收回对公司的某些承诺，并将它们重新分配给其他厂商。看到这些，竞争者觉得机会来了，并进入市场，它们通常开出诱人的条件以赢得市场份额。市场份额的变化将导致公司原有的安全地位降低，进而使得投资者调低对公司 CAP 的预期。GAP 的减小导致了 CAP 的缩短，从而进一步降低了公司的市值。

更为糟糕的是，这一行动反过来又导致 GAP 的缩小。当股票价格下跌时，合作伙伴进一步退缩，竞争者则会加紧进攻。这都不会对客户产生不利影响。相反，他们会觉得自己的谈判能力提高了，并开始迫使公司给予更好的价格条件。这降低了公司获取差异化盈利的能力，因而缩小了公司的 GAP。而且，这一过程将不断重复，GAP 的缩小导致 CAP 的缩短，反之亦然，公司陷入了一个真正的恶性循环。

当一家公司的收益低于预期几美分时，市场就会假定它可能失去自己的位置。这时的市场，不仅会重新计算公司规划的未来盈利的量，而且会重新考虑其持续的时间。

如图 1-6 所示，当 GAP 和 CAP 同时被调整时，收益曲线下方的区域将显著减小。这是市值减少了 50% 的情况，在高科技行业，当季度报告低于预期水平时，这种事情如同家常便饭。

为什么这种效应主要局限于高科技行业呢？事实上，任何一个看重公司长期盈利能力而非短期收益水平的市场，都会导致市值的减少，即出现了断层。当投资对象的价值在很大程度上取决于公司获取未来新客户的能力时，公司当前市场地位的任何变化都会引起市场的敏感反应。这就是断层地带剧烈波动的来源。这正是这片热土自然产出的一部分。

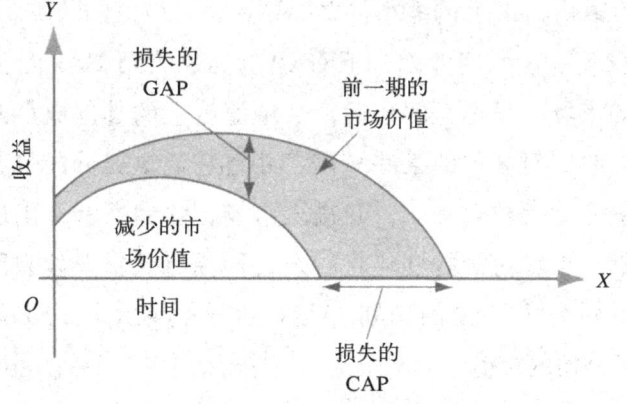

图 1-6　收益低于预期的影响

市值蒸发的疑惑

因为断层地带波动效应如此剧烈，所以促使投资者要求公司管理层立即采取有效的行动。最简单、最容易的方式就是削减成本，经常是大规模削减。削减成本并不一定不是好方法。随着时间的推移，公司内往往会形成一些非生产性的过程，并且几乎每家公司的花名册上都有至少 10% 的人没有做出应有的贡献。但是，采用削减成本的方法不可避免地会损害股东价值，其影响之大常常是不可修复的。

大规模削减成本可能会造成下面几个问题。第一个问题是，它常常不加区分地将肌肉与脂肪一并切除了。像"整体裁员 10%"这样的口号，暗示着所有的部门对股东价值的贡献是一样的。显然，事实并非如此。因此，采取全面削减成本的唯一理由就是，决定哪些部门以及哪些人要被裁掉的过程太复杂，以至于没有足够的时间做出精确的甄别。

但这会导致第二个问题，就像进行了一场大的外科手术，不论是短期还是长期都会造成冲击。从短期来看，在公布结果之前，它导致员工产生

第 1 章　理解股东价值

巨大的焦虑，公布之后，它又使员工陷入沮丧中。更有趣的是，那些保住了工作的员工的状况比被解雇的员工好不了多少。他们的生活中充斥着因保住工作机会而产生的罪恶感、害怕在下次裁员中失去工作的恐惧感，以及因必须从事日益辛苦的工作来维持这个越来越没有前途的部门的压抑和愤怒。从长期来看，这使得公司的关键项目和重要客户关系变得不稳定，投资者及合作伙伴也会心怀忧虑，而所有股东都会觉得公司前景暗淡。

所有这些都会导致第三个也是最后一个问题：为什么裁员不能自始至终系统地进行？为什么公司一定要到迫不得已的时候才会采取行动？很自然，在爆炸式的发展时期，如何扩张是最重要的，而在泡沫破灭的时候，即便是最好的公司也有可能没鞋穿。当然，这只是最极端的情况。在这背后，还有让人更不舒服的东西，我想最好这样来表述它：

当需要对公司最有价值的资源——人力资源和金融资产——进行系统整合并重新利用的时候，大部分公司都缺乏操作规范。

这对任何人来说都不是好消息，特别是对投资者，这意味着随着时间的推移，他们的资本将以越来越大的份额用于产出越来越少的用途。对管理层来说，这也不是什么好消息，因为它等于在说我们都在盲目乱飞，直到未来某个时刻撞上断头台。另外，初次听到这些内容的员工可能会觉得如果没有系统性的调整，工作会更稳定，但是只要想一想就会明白并不是这样——如果不经常自我更新和调整，将不可避免地不断贬值，直到被淘汰。

为什么会出现这种情况？在我看来，这是因为我们缺乏一种有效的心理模型来预测：随着时间的推移，一项能在商业活动中创造价值的资产是怎样——确切地说是在何时——被侵蚀的。如果有这样一个模型，CEO 们在制订年度商业计划时将可以对此加以关注，从而避免在低潮时期采取更激烈的行动，哪怕是最严重的衰退期，他们也能安然度过。

毫无疑问，我头脑中已经有了这样一个模型，我称其为核心业务与辅助业务，这将是下一章的主题。

023

第 2 章

核心业务与辅助业务

当投资者考察管理层的资本运作时，他们的愿望只有一个：最好把资本更好地用在有可能提升公司股价的方面。在投资者看来，有益于股价提升的活动就是公司运作的核心业务，其他的一切都是辅助业务。

实际上，这是有些偏激的观点，例如，消费者就不这么看。他们将能够提升消费满意度的行为看作公司的核心，而辅助业务则是能够使公司盈利的经营活动。公司的管理层对核心的认识也有所不同，对于他们来说，核心经常是以核心竞争力的形式出现的，即公司在什么方面特别擅长。员工则认为核心是他们的工作，或者说是他们的表现。

鉴于不同群体各自认知体系的差异，这些认识都是合理的，但是，如果我们将目标设定为股东价值管理，那我们只能接受投资者的观点。

核心业务与辅助业务：投资者的观点

我们在第1章中叙述过，会对股票价格产生本质影响的是公司的管理控制，其背后的因素则是竞争优势。从投资者的观点来看，在目标市场上，如果一次商业行为会对竞争优势产生直接的影响，那么它就是核心的。在这个背景下，公司必须通过差异化策略来赢得市场竞争力，那么公司的核心工作就是建立并保持这种差异性。这个认识会直接引出结论：任何能够提升公司股价的行为都是核心的，而其他的都是辅助性的。

对于核心业务，目标就是尽可能地做到差异化，以影响消费者的购买意愿，并分配公司最优质的资源来应对这项挑战。相比之下，其他的工作——在某些公司中，这些恐怕是最主要的——则无关于核心，它们是辅助性的。对于辅助性工作，最好的方法不是进行差异化，而是尽可能地进行有效的标准化。

在《财富》500强企业中，如果对辅助业务进行差异化处理，将是对资源的巨大浪费。在这些企业采用差异化策略的行业中，我们只能望洋兴叹。而在其他方面，我们的差异化策略却无益于股东价值的提升。人们都想做出贡献并获得认同，但困难在于某些差异化行为只会浪费时间、人力，并分散管理层的注意力，而这一切都不会对股价产生积极的影响。如果以管理股东价值为目标，这种对稀缺资源的浪费显然是错误的，管理层不能再这样做了。

当然，终止错误的业务时，我们也要注意别把辅助业务砍掉。在任何一个行业中，一家公司的核心业务可能正是其他公司的辅助业务。对服装店而言，展示、零售服装是核心的，但对批发商而言，这只是辅助性的，而价格对批发商是核心的，对服装店则是辅助性的。

在汽车行业中，新大众甲壳虫公司只负责设计，汽车的其他相关业务对它都是辅助性的。个人电脑行业中苹果的 Macintosh 也是类似的情况。

对于这两家公司，它们的差异化价值在于设计而非生产，生产是辅助性的，而非核心的。它们的不同是，苹果公司有自己的整机产品，大众公司却没有。这对苹果公司的股东是利好的，对大众公司则相反。

现在我们在这里明确一下。如果苹果公司的合同生产商在较大范围内做出不利于它的举动，这无疑会降低公司的股价，即如果不能正确地对辅助业务进行管理，就会损害公司的竞争优势。但是，这些业务并不是核心的，并不会影响公司的股价。你可以把它想象成保健。

保健这个词指的是市场会预期你能够做好，但不指望你做得特别好。你每天洗澡吗？如果你没有这个好习惯，有人会敦促你的。但是，如果你每天洗澡，你就会因此获得职位上的提升吗？公司也是一样的。它生产消费者需要的产品、收发账单、进行电话支持等。如果公司不这么做，它一定会有麻烦，但是如果在这方面达到了一定的水平，它就不能再获得额外的收益了。简言之，辅助业务可以创造价值，但不会增强竞争优势。

区分核心业务与辅助业务，并协同它们创造有品质的公司，这是至关重要的。对任何组织而言，这两者都是效率的最基本元素。对这两者的协调决定了公司能够从市场上获得多少核心价值。如果不能进行细致的管理，辅助业务会不可避免地妨碍核心业务。那时，麻烦就来了，既浪费时间、人力，又让管理层力不从心。

要检验你的公司在多大程度上存在这个问题，就问问你自己一周中有多少时间花费在了辅助性的会议上。换句话说，你花了多少时间在保健上？现在把整个公司都用这个比例衡量一下，是80%！开始时公司80%的资源都没放在核心业务上，没有放在让公司的产品与众不同的努力上。与之相对的，在典型的《财富》500强企业中，这个比例是20%。也就是说，《财富》500强企业在相同规模的情况下，将4倍于你的资源放置在了核心业务上。

实际上，情况比上面描述的更糟糕。我们仅仅是用20%的资源试着去

第 2 章　核心业务与辅助业务

做核心业务。另外的 80% 呢？好吧，在辅助业务上，我们也举步维艰。当然，我们所做的也是为了增加价值。怎么做呢？无非是将工作差异化，做得杰出、做得专业。我们付出了什么呢？时间、人力和精力，当然还会牵涉辅助业务以外的人。不管怎么样，要实现这个奇迹，都需要整个公司的配合。

现在，我们清楚了，如果不能对辅助性工作进行良好的管理，就会使公司陷入困境。这些困境就肇始于那些你并不真正想参加的会议。当然，在理论上还有其他的选择。你可以雇用一些人，让他们远离差异化的工作。对任何人来说——尽管他们会接受，但是这种工作是非常恐怖的，这让他们的工作如生产线上的工人一般，迟早他们会有意无意地寻求解脱。结果是，不管我们愿不愿意，我们都在为一项接着一项的辅助业务买单，这简直是作茧自缚。

我们可能会自我安慰说，这是在创造工作机会。让我们来进一步了解身处这些工作中的人们吧，他们并不愚蠢，他们知道这些工作并不是核心的，并且有可能随时被公司取消。这种预期会带来什么样的行为呢？怠工。在船上不要摇晃，你可能把船弄翻。简言之，在成熟的公司内部拒绝改变当前的工作模式，必将导致大量的资源被分配到辅助业务上去，从而"冷落"了核心业务。

这不禁让人想起黛尔伯特卡通公司的困境。它将所有的业务都变成辅助性的，没有任何核心的东西。它持续地生产在卧室里看的《等待戈多》（*Waiting for Godot*），这是现代版的荒诞剧。在这个世界上，如果一个人感觉自己的工作毫无意义，那么因为担心一无所获，他就会做顽强的抵抗。当出现颠覆性的技术变革时，当剧烈的改变成为生活的常态时，不仅在某个职能部门，所有的部门都会朝着以往的经营方向前进。没有什么可以很快就完成，甚至在很多情况下，什么都完成不了。

027

爬上下降中的电梯

我们开始询问，这些辅助性工作是从哪里来的呢？这个问题似乎有些傻。在技术支撑的市场上，技术本身就是差异化的基础，随着时间的推移，核心的东西会逐渐变成辅助性的。由于竞争的缘故，去年差异化的成果，今年也许会不再重要。这简直就是技术企业的无情的生命周期过程。

在这样的市场上，管理团队感觉自己永远都在爬一架下降的电梯，近年信息经济的发展历程可以用图 2-1 说明。

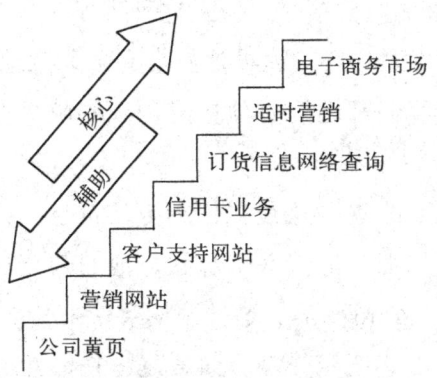

图 2-1　信息产业梯度

1995 年，网景公司发布了浏览器 1.0 版。当时，将产品信息放在公司的网站上，可以表现出差异性，这可能意味着你比竞争对手更有远见。相比较而言，今天，就连我的豪华私人轿车都有它的服务网站。

到 1997 年，企业信息的网页发布已经不再新鲜，企业内部网络——而非互联网——开始盛行，但是市场部门在网上的活动日益增加。如果在1997 年你实现了这一点，那么就表现出了差异性，因为现在世界上的几乎每一家公司都能做到这一点。

在同一时期，为了降低成本，许多技术公司将它们的客户服务放在网上，无意中提升了消费者满意度。（银行的 ATM 机让我们知道，最好的服务往往是自助服务。）思科是这方面的领导者，现在，高科技行业的每家大公司都是这么做的。

在这个过程中，"电梯"上较低的台阶，都曾经是核心的，但之后变成辅助性的。不难想象，从图 2-1 中可以看到的最高的台阶在今后也将如此。这就是竞争的本质，想一下，如果竞争对手不想在这一领域低头认输，他们会怎么做呢？要成就核心，我们现在为差异化所做的所有工作，将来都会变成拖累我们的辅助性工作。这看似很不公平，但这就是达尔文意义上的优胜劣汰。

"进化"的压力会促使人们采取更高级的行动。对此，在接受本书前，我们必须弄清两个方面的意义：

（1）差异化一旦中止，常规的活动将变得太复杂而且难以维持，这将导致对股东价值的贡献越来越小。也就是说，辅助性的工作会一直消耗过多的时间、人力和管理层的精力。我们需要用合适的方法来处理它们。

（2）精于管理核心的执行官们，因为过去的业绩而受到提拔，现在成了公司的实际控制者。然而，他们最擅长的业务正渐渐变成辅助业务，在这种情况下，当出现竞争和挑战时，直觉和经验可能会导致他们做出错误的决定。如果公司不能进步，他们会让一切变得更糟，这也是必然的。

在过去的一二十年中，曾广受批评的"命令－控制"型管理，就是第二个问题的基础。科层式的组织设计，将决策权集中到高层管理者手里，这种情况的风险在于，他们可能将辅助业务错误地当作核心业务。相比之下，在市场上直面竞争的人却现实得多。如果要做出正确的决策，应该将后一种人当前的经验融入前一种人老练的判断中。更进一步，企业应该引入不同的文化和模式，在本书的最后一部分"基业长青"中，我们将在一定程度上对这个问题进行探讨。

现在，我们无论如何都需要击退面前的困难：我们怎样才能摆脱那些琐碎的事呢？

外包辅助业务，专注核心业务

好在我们对核心业务／辅助业务的讨论有光明的一面：没有什么辅助性的工作不能变成其他人的核心工作。

你要开汉堡店吗？太好了，我会给你提供面包饼。噢！面包饼也是你自己做？好吧，那调料呢？咖啡呢？洗手间的清洁呢？员工制服、人力资源、账目处理、利润管理、晋升机制、市场营销、广告策划、室内设备、营业场所还有财务服务，这些你都要自己做吗？你要先确定你认为哪些是核心的，我们再来谈其他的事情。

这是一个外包的世界。如今，越来越多的商业数据可以从网上获得，发达的信息传递结构也有益于我们进行外包。在我们的大门外，新型服务的提供者正急切地想出售他们的产品。问题是：为什么这些人做我们的辅助业务会比我们自己做得好呢？

简单的回答，这就是他们的团队所致力于的事业。对你而言，这些业务是辅助性的，而对于他们，则是核心业务。以你们公司的复印室为例，在里面工作的人的事业轨迹是怎样的？你将雇用什么样的员工？如果向Ikon或其他公司购买复印服务，可以想象经营这项服务的人必定热情地工作。为什么？因为这项工作就是他们赖以生存的根本。谁会吸引更好的人来做复印室里的工作，是你还是Ikon？谁能获得更高的效率、更高的品质和更多的服务附加值？

好吧，或许是他们。对此，你可以不愿承认，但是我敢打赌，如果你自己做肯定会花费更多。让一个客户来做这项工作的成本，真的会超过你自己做所能接受的成本吗？服务经济不是这样的，别人不仅会比你做得好，还会比你自己做更省钱。为什么？我再说一次，这是我们的核心业务，我们靠这个生活呢——请给我们多些信任。如果我们整天都在思考怎么把这份工作做好，而你却从来不想，难道你还认为我们不如你做得好吗？说得更直白一点儿，这是自由竞争的经济，如果你觉得我们的价格不合理，可以另找他人。

但是，你仍然会问两个问题：如果这种方法很好，为什么直到现在才被想到呢？为什么不是所有的人都这么做？这两个都是大问题，在本章中，每一个问题都需要用一个小节来解答。对于第一个问题，简单的答案是：直到现在，大多数工作都由企业内部完成才是比较省钱的。下面我们进行讨论。

科斯的交易成本理论

对于第一个问题的解答，做出最大贡献的经济学家 R. H. 科斯，他在 20 世纪 30 年代写过一篇题为《企业的性质》的论文。科斯探讨了几个简单的问题，这些问题到了今天仍然引人注目：企业到底是什么？为什么它们达到一定规模后就不再扩张？为什么它们不能继续扩大规模，或者说扩张得更快？

科斯在交易成本的框架下做出了回答。他认为，在企业内部交易，本身就比在企业外部进行交易效率高，因为这样做可以省去中间商的费用，避免销售税费，并且可以保证稀缺的商品有更高的安全性。随着时间的推移，这些交易会固化到企业内部。然而，在企业成长的过程中，科斯指出，保证内部价值链高效运作、应对及时的管理结构会逐渐演变成科层管理制，这时，从外部市场进行采购会更有效率。在这一点上，通过规模扩张来获得竞争优势的成效会被冲淡，其他的公司将会有能力赢得并控制一部分市场份额，使得公司不得不中止规模扩张。这个平衡点可以解释为什么企业会有一定的规模（大小）。

在过去的一个世纪里，《财富》500 强蓝筹企业的发展历史可以很好地

031

断层地带 ———————— LIVING ON THE FAULT LINE

印证这个理论。但是，随着互联网经济的发展，特别是在美国，公司间的交互和商业体系变得越来越高效，这可以从反面对科斯的交易成本理论做出补充。也就是说自由市场可以为越来越多的交易提供更加低廉的产品或服务，所以我们要从公司内部走到公司外部，把业务外包而不自己生产。

理由就在我们的讨论之中：

- 在你的企业中，任何为了省钱而在企业内部完成的工作，都要你付出一个总成本。但是如果其他公司为客户——当然也包括你——提供相同的产品（或服务），它们只需要付出边际成本。边际成本会比总成本低。⊖

- 将这种思想应用于生产所需的所有对竞争优势而言非核心的工作中，这些都是辅助性因素，而非差异化的载体，如果你的产品缺少它们，将不会被接受；然而，即使你把它们做得再好也不会增强竞争优势。那么问问自己：如果这些业务是其他公司的核心业务，为了获得竞争优势，它们必须做好，而你做这些工作只是因为不得不做，比较一下，谁会做得更快、更好呢？

- 最后，你要知道，在辅助性工作上雇用的员工，毫无希望可言。因为他们的工作不能为企业增加收益，只是必须做。但是，在那些专职做这些工作的公司里，相同的员工却可能做到公司的总裁。那么，相比之下，谁能招募到最有上进心、最好的员工呢？

以上这些简短的论据各有令人信服的方面，然而在它们背后，还有最重要的一点：对于投资资本，辅助业务的产出让人很不满意。即使你将20、50甚至200个人放置在辅助性工作中，自己生产与外包的成本差异也微乎其微，想一想你将为这可怜的收益付出多少金融资本、人力资本还有机会成本，你就知道怎样做是正确的了。

投资者会对此如何反应？没有答案。如果这就是你开始时向股东承诺

⊖ 这里作者仅是要说明企业间的分工会更有效率，所用的经济学术语并不严格。——译者注

的，那你根本不能获得投资。也就是说，如果你获得了投资，你对股东的许诺一定远远多于这些。但是，如果是这样，后来你实际上将大部分资本投入到低回报率的事务中，那么在其他方面，要获得什么样的超额收益才能使公司达到总体上的平衡呢？又有多少工作要做呢？这将是一场失败的游戏，而本末倒置的管理层是大输家。

从理论上对以上内容做一个简单的总结，就是应该使用外包策略！在这里，我们还可以讲得更深刻些：在经济社会中，对于一项业务，如果在公司外部进行与在公司内部处理相比差不多，或更高效时，则外包可以很好地传递价值。在美国经济中，"外包"是比较新的事物，在世界的其他地方，甚至还没有认识到这一点，尽管我们可以看到变化正在发生。

特别地，要让外包在价值链上发挥作用，则公司需要改变现有的文化和体制。在文化方面，公司必须认识到，相对于它们的直接竞争对手，它们既是商品的提供者，又是需求者。换句话说，它们必须从非赢即输的理念转变为双赢的思维。我们可以看到，IBM 现在为它的主要对手 EMC 提供硬盘驱动，为戴尔公司提供个人电脑，但这也是对原有的企业价值和文化苦苦坚持了 50 年之后的结果。在体制方面，没有在供应链上的巨大投资和互联网的帮助，一个企业是不能进行有效及时的价值链管理以赢得新的市场和客户的。这就解释了现在这种新的经济生态为何只能在美国得到大规模的发展，当然它还仅仅表现在少数的职能部门。

但是，一旦具备了上述条件，低成本的交易将不可避免地转移到公司外部。这反过来可以解释为什么是那些小公司而不是《财富》500 强企业，在持续地创造成千上万新的就业机会。未来通过管理传统的交易成本而确定现有规模的大型企业都将缩小规模。事实上，其中的很多公司都将不复存在，它们将无力做出文化和体制上的调整，只好无助地看着自己公司的股价大幅缩水，而投资家也将收拾起他们的资本，将目光投向适应力更强的企业。

剥离辅助的而非核心的业务

尽管如此,对某些种类的辅助业务,公司可能并不能找到合适的提供者。例如,你可能需要某种特制的调料,或者是你在招募和培训员工方面需要特别的方法,或者是你在企业内部要以特别的方式处理某些事情。尽管这些业务有吸引人的地方,但你认识到它们并不是核心的,同时因为这些业务不是标准的,也没有服务提供商愿意接手它们,若是将它们改造成标准的模式,又要花费巨资,不太现实。所以,这时候除非你能找到更合适的选择,否则你就必须自己做下去。还有别的方法吗?

还有另外一种可能性,你可以在公司内部召集应对这些业务负责的人,给他们开一个不能拒绝的条件:让他们独立于你,开办一家针对这项服务的公司。你的公司将是他们的第一个客户,你要承诺在今后一段时间内都从他们那里采购产品或服务。这种方法使得公司获得了一个标准的产品或服务提供商,这项业务也从公司中移走了,但这并不意味着一定会皆大欢喜。

如果分出去的公司实施差异化策略,提高产出的质量,这对它们是件好事情,因为这提升了竞争优势,当然这种行为也会消耗时间、人力和管理者的精力。你要知道,它们也可能为你的竞争对手提供服务,所以你必须确认这部分业务是辅助性的,而非核心的。如果这部分业务的确是辅助性的,那么你不用担心你的竞争对手也从它们那里采购。当然,竞争对手也可能坚持在公司内部处理这些业务,这就意味着不会从市场上采购这种新型服务,与你竞争时,竞争对手便不能发挥出全部的能量。这时,你便因外包获得了优势。

在高科技行业,最好的公司都了解这一点,并已经开始采用富有成效的辅助性产品的外包策略。在这个行业中最好的生产商之一惠普公司,它正尽可能地采购电脑部件。与此同时,它大刀阔斧地进入互联网领域,在这方面,商业关系、技术以及行业经验都有助于它建立竞争优势。惠普公司品牌的价值在于"比特"而非"原子"，它正将最好的资源配置到自己最擅长的领域。思科公司也是一样，它宣称 50% 的产品没有思科员工经手！通过为供应链上的合作伙伴提供设计方案和测试信息，以及将其客服定位于数字市场，思科创造了互联网时代的价值。

但是，思科已经不再是 IT 市场上的宠儿，并且早期采用外包策略的公司，许多——或许是大多数仍然心有余悸。如果这是种绝妙的策略，为什么没有更多的公司参与进来呢？

关键性任务与支持性过程

理解现实中的人为什么会如此抵制外包策略的关键在于，在关键性任务与支持性过程维度上理解辅助业务与核心业务的关系。图 2-2 会帮助我们认清这一点。

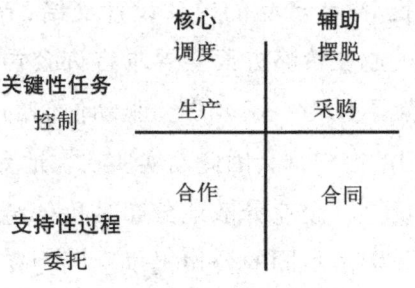

图 2-2　理解外包

在这个 2×2 矩阵中，每一列分别代表核心业务与辅助业务。对于核心业务，管理层要做的是调度资源，而对于辅助业务，管理层要做的则是尽量摆脱稀缺性资源。这一点，我们前面已经谈及了。矩阵中的行是我们现在要关注的，商业行为被划分为两种：关键性任务——我们必须控制，以及支持性过程——我们可以委托给他人。

用这种方法考察图 2-2 中列出的四种商业过程，理解起来会相对容易、直接。如果一项业务是核心的且是关键性的，则必须由公司内部生产，我们称之为生产象限。如果一项业务是辅助的且是支持性的，公司则会明确地希望由其他公司来提供，我们称之为合同象限。在这两个区域内，都不会出现策略性挑战，但是剩下的两个区域就不一定了。

先看图 2-2 中左下角的部分，我们称之为合作象限。其中的商业过程对公司而言是核心的，可以通过某种差异化策略来创造公司的竞争优势，但是必须依赖某个可信赖的合作伙伴。那会怎么样呢？为什么公司会允许自己依赖其他公司，以至于会影响公司的股价？

一种解释是：对这部分业务，公司不具备完全由自己内部处理的能力，至少达不到实施差异化策略的水平，比如品牌或广告策划。为什么生产消费者终端产品的领头羊公司在某些对差异化策略而言非常核心的业务上，要与外部的代理机构合作呢？因为这些机构集中了最有创意的头脑。由于这个缘故，苹果公司把 iMac 产品的模具设计交给 Frog Design 或 IDEO 公司，很多主要的大型企业在策略方面会寻求咨询公司的帮助。这些天才会把工作做到最好，当然不只为一家客户。驱动他们的是对这项工作而非对某家公司的忠诚，他们的客户都会因此而实实在在地受益。

在技术支撑的市场上，企业分散地分布在价值链上，一种产品可被划分为众多组成部分，分别由不同的公司提供。因为在生产过程中，价值可以无阻碍地传递，所以终端用户可以得到相当多的实惠，价值链上的每一家公司都必须足够高效。电脑硬件生产商连同网络和存储设备提供商为系统软件公司搭建好一个平台，在系统软件上又可以进行应用软件开发，系统集成商还可以安装这些软件。如果终端用户要获得比纵向系统集成商更

第 2 章 核心业务与辅助业务

好的服务，那么就需要上述几家公司的通力合作才能做到。在硅谷，这些公司常被称为"栈"，类似软件中要用到的"栈"，把这些公司的产品整合起来被称为"栈的组装"。

对相对独立的公司进行组装是一项困难的工作，让人感觉好像回到了纵向一体化时代。松散耦合与纵向联合之间的平衡将在下一章中进行讨论，但是现在我们有足够的理由做出论断：这种分工（例如应用软件与其寄存的硬件）由于许多原因已经被广泛地使用，合作机制是现代技术支撑市场上重要的构建元素。

关键的辅助业务

在模型中，另外一个充满争议的象限在右上角，它属于辅助业务，对此投资者不希望公司花费太多稀缺资源，同时它又是关键性的，这意味着公司必须控制这部分业务。第一感觉，这两者似乎是不相容的：一项非核心业务怎么还要保持控制呢？你不能用通常的思路来考虑这个问题，关键的辅助业务是辅助业务中最重要的，它控制着那些非核心业务的稀缺资源。

在这个象限中，我们必须知道如何定义外包。一般说来，这个词与合同并无区别，也就是说，右上象限与右下象限并没有明显的区别。但是，为什么还会有这些不同的形式呢？要进一步探讨，我们必须将外包重新定义为这样一种商业关系：客户脱离了这个过程但是对它的产出仍然保持着实际的控制。

支撑外包的基础机制是系统控制技术。一方面，这是一种监控机制，使得外包的双方都清楚这个过程中的波动，对意外情况可以做出迅速的反

037

应。另一方面，这是一种灵活的服务协定，你可以根据变化的商业条件改变服务的级别，如操作表盘一样。此外，这也是一种实时的报告和分析系统，使得外包者对提供商的行为了如指掌，对于外购的部件或资产可以做出早期的判断，例如，当出现不满意的情况时可以及时解决。

在外包策略应用的初期，人们并没有关注这项技术，而是关注外包所要求的质量、可靠性以及可测量性。然而关键的辅助性部件生产外包，是必要的，但不是充分的。所以历史上成功的案例多是合同服务——在右下象限，而真正有技术含量的却在右上象限。

应用外包策略的早期赢家多是将自己的控制体系加之于其上的。在EDI 时代，通用汽车和沃尔玛有足够的市场影响力，所以可以或多或少地指导这个过程。在当前的经济社会中，典型的例子是戴尔和思科，它们更多地依赖技术来保持外包过程的可见度和可信度。

关于思科公司，有一个特别有趣的案例。开始时，它并不想在公司外部进行生产。它的策略是为用户定制产品。然而，在追求这个目标的过程中，因为工程的复杂性，思科遇到很多质量控制方面的问题，许多配置错误的产品被发布了。后来为了改善这种局面，思科开发出一套测试系统，以保证客户定制的产品都要经过严格的测试，满足要求的产品才进行发布。不用多说，开始时这个系统让思科遭遇了巨大的瓶颈，但随着时间的推移，思科逐渐克服了困难，市场也给出了非常正面的评价。接着，订单蜂拥而至，这时候，也只有这个时候，外包策略才变得非常必要。

当思科准备引入合同生产商时，首先考虑的是如何将自己的生产体制移入生产商的企业之中，以确保成功。但是有人意识到，质量控制系统——产品发布前的测试系统，才是关键的。只要思科能保证客户定制产品的质量与自己生产的相同，使用什么样的系统生产该产品已经不再重要。所以思科将自己的质量控制体系移入了生产商的工厂，加载客户需求，同时保有一些数据和关键技术，以免被与这家生产商有业务往来的竞争对手所用。

第 2 章 核心业务与辅助业务

这个结果与外包的定义相一致：思科剥离了一部分生产过程，但是保持着对这部分业务的控制。要知道，在互联网泡沫破灭时，思科的销账达22亿美元之巨，但这只是思科管理层的选择，并不是由于外包策略或控制系统的失败。直到今天，思科管理层对这些选择仍存在争议，但在当时特殊的条件下，他们认为销账实际上是很好的选择，如果按照原来的生产模式，损失或许会多两倍甚至更多。

只是重构流程吗

在结束对外包策略的讨论之前，我们至少还要考虑以下问题：我们以前没做过类似的事情吗？这和重构流程有什么区别？人们已经忘记了这种事情曾经惨遭失败吗？它们有什么区别？

对这些问题，我们必须首先做出区分：**外包是为了将辅助业务从公司剥离，而重构流程则是对核心业务的新的处理方式。**前一种相对于后一种略微保守（因此被采用的可能性更大）。这就是原因。

在高速成长的市场上，公司不会将很多资源投入到辅助业务上。在这些市场上，需求远远大于供给，公司与它的竞争对手一起如野草般快速成长，唯一的指导原则就是出货！在这期间，公司获得了比投入多得多的利润，所以资源是充足的。它们能感受到的只是巨大的时间压力，它们争分夺秒地占领市场份额。所以当出现或者可能出现某种阻碍时，管理层的第一反应就是在这个问题上投入额外的资源，那么公司的辅助业务将变得冗余，就要将它们剥离。

当市场从波澜壮阔的发展阶段进入温和的平静期后，供需关系达到了正常的水平，竞争增加，价格下降，进而收益减少，这时就要降低成本了。

039

这个时期，我们会缩减规模，在公司内部重新配置资源以达到新的平衡，这是进行核心业务与辅助业务思考的绝好时机。因为此时分配到辅助业务上的资源并非根深蒂固不能动摇，对它们进行调整相对容易和直接。

为什么我们不能很好地这样做呢？真正的原因，是外包类似于重组流程，会影响公司当前的政策体系。在经过暴风式增长之后，公司处于一种怡然自得的状态。它希望公司发展的成果能够惠及周围的人，而对公司的管理者而言，一种收益就是维持这个庞大的经济帝国。越多的人进入这个帝国，管理者的收益就越大。裁员也就意味着减少收益。更进一步讲，裁员这种事情在现在看来没有什么紧迫性和必要性，我们仍然可以很好地支撑几年，何必现在做这种麻烦事呢？

不幸的是，当我们不得不决定这么做的时候，事情会变得更加困难。这时组织体系已经非常稳固了，即身在权位的人，无论在核心业务还是辅助业务上，都对很多人欠下了人情债，他们发现自己要背叛这种关系是非常困难的。结果是，当公司的确需要裁员时，考虑的不是核心业务与辅助业务的区别，而是会选择在整个公司范围内开刀。这种形式的节约成本是非常有害的，它不可修复地损害了公司的核心资产，而在阻碍其前进的辅助业务方面却毫无建树，这样做只不过是提高了失败的底线，一次又一次地，直到公司完全垮掉，最后剩下的只是曾经引以为豪的公司价值的一小部分。

要走出困境，不能只是重构核心业务流程，更需要做的是，重新审视什么是核心的、什么是辅助性的，与其他业务相比，什么对公司的竞争优势有直接的贡献。不仅要做自我调整，而且所有的辅助性工作（至少是大部分）都需要做调整，问题不是这些工作要不要做，而是这些工作应该由谁来做。

这不属于流程重构，也不是简单的辅助性工作，但是同样需要大量的时间、人力以及管理层的精力。现在的目标是让所有的业务与你的规模相

第 2 章　核心业务与辅助业务

匹配，你应该考虑把业务外包给某些服务提供商。你必须为摆脱困境付出代价。开始时，从直接的成本对比方面来看，你可能认为自己付出得太多，但是你可以把付出的成本当作摆脱困境的保释金。一旦摆脱困境，你就可以开始考虑成本问题了，随着时间的推移，当在市场竞争中有一席之地后，你就可以把成本降到你想要的水平。

相对于重构流程，衡量外包策略价值时可以使用计算机里面的"猴子测试"。将任何一组辅助性工作想象成猴子，问题是，在一天的工作之后，这只猴子落在谁那里。外包最基本的功用就是让这只猴子从你那里转到其他人身上。如果这只猴子落在你身上，这就意味着你的工作不应该占用稀缺资源。这不是笔好买卖。但是，如果你能把自己从这只猴子的阴影中解放出来，不管有没有直接降低成本，你都将赢得这场重要的战役，即重新将稀缺资源配置到核心业务上。

进行成功的"猴子管理"的关键是要构建有效的服务层次上的协定。相对于核心业务，在辅助业务上完成这一点要容易得多。如果连核心业务都需要由公司外部提供，那么你就危险了。现在，你与服务提供商的表现就不同了，你追求的是差异化，他们追求的则是标准化。没有什么服务层次的协定能够让两者等同起来，如果他们追求的也是差异化，那么就是合作，而不是外包了。当你对辅助性部件进行外包时，标准化为你和服务提供商建立了一个通用的平台，而服务层次的协定也可以支持根据商业条件进行的动态修改。

管理层要领会以上观点，其挑战在于要明白公司的成就都是在有充足的资源可供支配的情况下取得的，资源稀缺时却不一定了。当你要把辅助性工作从核心区域剥离、重新分配资源以提高核心与辅助性工作的比例时，首先要让你的团队对以下问题进行深入思考：**你和你的团队能从现在做的事情中解放出来吗？你们能对增加股东价值做些什么**？让他们清楚股东价值是衡量竞争优势的标尺，让他们思考为了改变现在的情况，他们能做什么。

041

管理层要好好地想想这些问题，直到得出能激励团队前进的结论。做了这些以后，再让他们深入思考一个类似的问题：**假设你能正确地处理核心与辅助性工作的问题，那么今天你和你的团队所做的工作中，哪些是你想要放弃的？**

对这两个问题进行深入思考，可以帮助你的团队对公司内部核心与辅助性工作的边界有清晰的认识。要知道，你们的认识仍然存在未知区域，但是在增加核心区域的资源配置时，大部分的辅助性工作可以确认了。现在，真正的挑战来了，因为先前辅助性工作被配置了过多的资源，对资源的整合无疑会动摇组织的结构。

图 2-3 可以帮助我们理解。

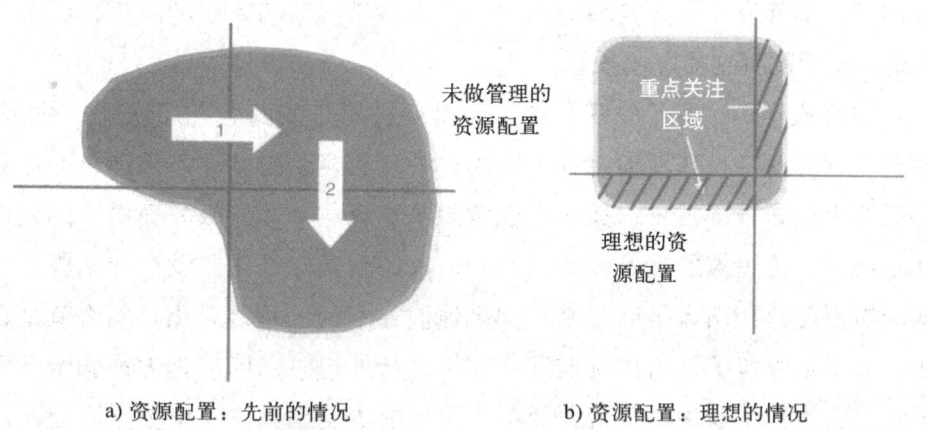

a) 资源配置：先前的情况　　　　　　　b) 资源配置：理想的情况

图 2-3　资源配置情况

在图 2-3a 中，箭头 1 显示了随着时间的推移，在通过差异化策略获得竞争优势的压力下，核心业务逐渐变成了辅助业务，而被分配到左上角生产象限的资源也向右移动；箭头 2 显示了在公司努力降低成本提高生产力的过程中，关键的辅助业务演变为支持性的辅助业务，这是 1 的后续过程。这样，资源的配置逐渐令人痛苦地集中于右部区域。

第 2 章　核心业务与辅助业务

图 2-3b 显示了资源配置的理想状态。在这个模型中，大部分资源被连续地分配到左上象限，同时对于合作伙伴与提供商关系的管理也进行了相当的投资。关于合作，品质是个大问题："策略"意义上的合作伙伴太多，其中很多管理团队很不成熟，两个组织之间天然的隔阂也不容易消除。对此，这个模型需要的是坚持、管理层的专注以及相当数量人员的支持。无论是在销售还是在生产加工方面，最终的合作总是双方负责人实际努力促成的，合作的目标是要保障所需要的相关服务都可以从合作公司中顺利获得。

在右上角外包象限，管理层关注的不是关系，而应是在公司间建立维持控制力和可见度的系统。必须将目标设置为某种可以观察测量的形式，以便可以监控或通过基于互联网的通信系统进行交互。分析手段必须持续地升级以保证更快更好的模式检测。另外，如果可行，可以使用自动恢复程序来处理异常状况。记住，这些工作是辅助性的，但也是关键性的。公司现在不亲自做这些工作，绝不意味着可以对工作过程和产出的质量、可靠性以及可测量性不闻不问。

寻找可以撬动地球的杠杆

到目前为止，我希望对外包策略的论述和例证有足够的说服力。对辅助性部件（特别是关键性辅助部件）实行外包是股东价值管理的基本元素。投资资本要求高额回报的压力，以及有限的时间、人力和管理层的精力，在这些基本的前提下，我相信如果不采用外包策略将是一个致命的错误。21 世纪的巨大挑战不在于重构核心业务流程——我想这是管理团队很愿意并能够做到的——而是清理好甲板，让管理团队借此飞翔。换句话说，在21 世纪，那些能够对辅助业务进行管理，以便为核心业务创造空间的团队，

043

胜券在握。

外包辅助业务是对现状的巨大改变，因此不可避免地会受到惯性的阻碍。要知道，惯性可以是正面的力量，也可以是负面的累赘。也就是说，一旦这个过程启动起来，竞争力将会不断增强，最终形成良性循环，困难也迎刃而解。

这就是阿基米德所擅长的问题。他说："给我一个支点，我可以撬动地球。"从这个意义上说，我们需要掌握强大的力量，并寻找到一个杠杆来克服使组织停滞不前的体制上的障碍。在我看来，这个杠杆就是股价，而支点就是股权激励计划。

因为投资者在我们这一边，所以股价将是一个很好的杠杆。他们希望自己的资金被投入到可以创造竞争优势的核心业务上，他们也知道，要获得投资收益，必须在合适的时候买入股票。如果投资者认为他们的资金被投入到辅助业务上，他们将卖出股票，转向其他公司，因此会导致公司股价下跌。相比之下，如果看到公司的策略能够很好地集中优势资源，并且没有太多执行上的障碍，他们会买入股票，使得股价上扬。这就是开始时外包有降低成本但同样取得成功的原因。事实上，你这样做可以提升股价的真正原因，是你通过这种方式告诉投资者，你正在将时间、人力还有管理层的精力投入到核心业务上，从而获得了投资者的正面回应。

股价是驱动变革的重要杠杆，我们将在后面的章节更加详细地讨论。在结束本章之前，有必要明确股权激励的重要性：股权激励将管理层同股东联系在一起，是促进整个公司同心协力的最佳方式。如果我们都认同股东价值管理，如果我们获得了可观的投资收益进而加强了这种认同，那么出于自利，我们也能处理好核心业务与辅助业务的问题，引导公司的小船重归市场的主流。

LIVING

ON THE

FAULT LINE

第 2 部分
管理股东价值

在我的旅行和职业生涯中，我有机会认识了数以百计的企业高层管理者，并与他们探讨他们企业商业模式的策略选择。在这些人中，几乎每个人都表现出对股东价值管理的强烈意愿。这不仅是因为股价的提升会给高管带来巨额收益，而且是因为如果他们不主动去做（进行股东价值管理），投资者也很快会要求他们如此。所以，对这些高管而言，关于股东价值管理的问题，他们不再是寻求它的原因，而是要探索它的方法。本书的第 1 部分已经论证了，解决这个问题应该按照以下的顺序原则：

（1）努力提高竞争优势，通过差异化策略扩大 GAP，同时保证差异化的持久性以延长 CAP。

（2）将所有 GAP 的扩大和 CAP 的延长作为核心过程，将它们与生产和合作联系起来。

（3）将所有非本质过程作为辅助性的，用外包与合同处理它们。这两个过程最重要的区别，是在本质过程中，你的公司实际控制着产出和收益，并且这个过程对你完全透明。

按照上述原则进行操作，实际上需要颠覆一般的准则。一般认为，公司的核心业务应该由高层管理者负责，辅助业务则由中层管理者执行，而事实上，这种观点并不正确。中层管理者更加接近市场的竞争实体，他们很好地适应了核心业务。最大的难题，是当他们发现新的市场机会后，并不能获得充足的资源进行资本化运作。为什么会这样？因为在辅助业务中，这些所需资源不能得到释放。

说得更直接些，从辅助业务中释放资源，并不是在中层管理者的位子上的人能决定的事情。例如，在通常情况下，对有限资源的释放，需要侵占其他经理的工作进程，如果我是一个中层管理者，这无疑是步入危险的境地，因为那个被干扰的经理可能会做出同样的反应，从而使我的计划无疾而终。所以无论事务是核心的，还是辅助性的，中层管理者都会形成一个互助联盟，相互支持，"将工作完成"。

第 2 部分 管理股东价值

　　只有高层管理者的行动可以打破这个网状联盟。如果高层管理团队确定了一组工作进程，无论是核心的还是辅助性的，如果他们使用资源配置的权力强化对核心／辅助的边界管理，那么中层管理者就能够并且愿意适应这一新的分工体系。因为在短期内，这些改变意味着不可避免的动荡，且令人不安——没有人会特别喜欢这些，但是如果企业想从整体上对有限的资源进行配置，以获得竞争优势，它们就必须这样做。当然，我们要获得核心竞争力，这样的转变不能几年才做一次，核心业务要变成日常的辅助业务，对企业而言，这是长期有利的。

　　所以管理股东价值的首要准则，便是相对于核心业务，给予辅助业务更多的注意力。核心工作尽管最有趣，但也不要全给自己做了。管理层最应该做的就是为他们管理的资源赋予最大的自由度，以便让它们为公司创造新的竞争优势。

　　这意味着，创造并保持核心竞争力本身就比管理者想象得更有挑战。市场从来都不缺乏需求，很少存在现有的产品完全可以满足消费者的需求，以至于差异化的产品没有任何生存空间的情况。市场也从来不缺乏想象，很少有公司经过一两个小时的头脑风暴还不能做出一份丰富的计划表。实际上，真正的问题是我们常常会落入普通的管理模式，分散我们对核心业务的注意力。也就是说，我们实际追求的是错误的目标，而我们却信以为真。

　　该问题的本质，是大多数时候我们对公司的管理是通过损益表进行衡量的。虽然损益表提供了一种极其有用的视角，但同时也会产生误导，扭曲市场的真实性，使得管理者做出错误的决策。当管理层股权激励与损益表绑定之后，通常都是这样，我们就会发现管理层为完成承诺的收益目标，正疯狂地将公司带入错误的境地。了解了这些，我们在选择股票时就应该懂得如何赚取股利。

　　迄今为止，我们对所有的公司一视同仁。下面我们将考察《财富》

047

断层地带 ——————— LIVING ON THE FAULT LINE

500 强企业在每一个环节——销售、市场，以及对研发、运作、财务和投资者关系的专业处理——面临的挑战。我们还将探寻管理团队在面对与损益表相关的基础问题时所做出的反应。每一个案例要说明的其实非常简单：当你实际上在远离而非增加股东价值时，你却武断地认为在做正确的事情。

第 3 章

股东价值的线性管理

在本章中，我们将对一家高科技企业组织功能的每一部分进行介绍分析，并且从股东价值管理的视角进行考察。这样做不是为了强调其他的观点，而是将这些观点与股东价值管理的视角进行平衡。在高科技行业中，股东价值巨幅波动，因此，我们更不能忽略对它的管理。

为股东价值而管理销售

从投资者的角度来看，一次销售有两方面的意义。首先，它直接代表了预期收益的实现，这也体现了公司当前在竞争优势方面的潜力。其次，一次特定的销售也可能有助于公司在未来获得更强的竞争优势。这种情况可能出现在：在细分市场上俘获了更多的消费者，提高了广大消费群体对某一品牌的忠诚度，也就是说，销售使公司获得了细分市场上的领导地位。这种销售代表着好的收益，是很有意义的，因为它增加了投资者预期的持久性。

在这些好的收益中，股东价值的增加又有不同的等级。在高成长市场上，只有销售能获得新的消费者的普遍认同，才能增加市场力，进而大幅增加股东价值。所以，高科技领域的投资分析师格外注意过去一个时期内新客户的增加量，以及每个客户的消费量。例如，在企业软件行业，分析师们总会询问，在过去的一个时期里，有多少收入是来自版权费用（代表新的客户支出，这属于强的交易），又有多少是来自服务费用（代表对已销售产品的维护收益，这属于弱的交易），有多少单笔交易超过100万美元（强的交易），又有多少小于10万美元（弱的交易）。

这些询问所隐含的意思是：有中性的收益，同时也有坏的收益——一会儿我们将看到，坏的收益会减少股东价值。很少有销售人员会对这种问题感兴趣，甚至整个管理团队也不会欢迎这样的思考，他们会惊诧地说：**我的老天啊，你知道挣钱有多困难吗？你这是象牙塔里的幼稚想法**。但很不幸的是，从投资者的角度，更进一步，从股东价值管理的观点来看，对这个问题的讨论是有意义的。

中性收益来源于市场竞争之外，经常是机会性销售的结果。它只会增加公司的生产性资产，并不意味着任何市场力的增加。也就是说，它代表GAP的实现，但是不能延长或缩短CAP。现在我们应该清楚，没有公司可以用大量的中性收益来铸造对未来的预期。然而，这些靓丽的数据，却让人热衷。也就是说，中性收益并不能成为对好的收益的替代，好的收益的缺失只会创造出没有CAP的公司。这几乎是所有私有小企业的状况，它们只能存活四年左右，原因是：尽管获得GAP并不困难，但是对于CAP，它们没有制定策略，也没有采取行动。

中性收益也可能来源于企业外部的操作，例如出售了某项资产、货币市场上的交易，或者炒股所得。另外，会计准则的变化，如损益项的变化，也可能带来中性收益。美国证券交易委员会（SEC）对共同收益的处理就是这样。无论如何，以上各种情形所涉及的收益都无助于提高 CAP——对未来竞争优势而言最关键的因素。所以，不管中性收益的影响是正面的还是负面的，华尔街的投资家都会试图"忽略它们"，以获知公司的基本能力。他们感兴趣的是能够打破市场力量对比平衡的、获得市场领导地位的交易。

坏的收益总体而言是其他一些事情。它从市场竞争之外获得，代价是浪费了稀缺的资源，减少了股东价值，即它通过寻求表面且不稳固的竞争优势来制造 GAP 的幻想，而这样做实际上会缩短 CAP。

一般说来，在主营业务市场之外的大宗交易有可能带来坏的收益，这些交易是"坏"的，因为：首先，交易可能需要持续地进行稀缺资源的投入，仅仅是为了支撑某种业务。如果在这个方向上，公司没有获得市场认同，那么后期必然需要继续做大量繁杂的工作，这无疑会影响公司的市场地位。用前面章节的术语来说，这些收益只是辅助性的，而非核心竞争力的体现。其次，这些交易的机会成本可能很大，因为公司没有把同样的稀缺资源运用于关键的竞争领域。有好的关注点的公司将会在有价值的领域进行运作，今天的一次销售是为明天更多的销售做准备。换句话说，好的公司将会把稀缺资源运用于核心区域，而坏的交易却将稀缺资源从核心转移到外围，进而有损股东价值。

坏的交易在有收益的期间很少会受到责备，的确，在任何一个时间段内，股票市场一般不能区分中性收益和坏的收益。所以，在中短期内，管理层都可以若无其事地声称他们的决策是前瞻的，对延长 CAP 是有益的，因为收益意味着市场份额的增加。

然而，你不能总骗自己。一旦坏的收益被当作好的，一旦它们被归入前瞻性的品类选择，不难想象，在这个品类中，对于市场增长率的预期就建立了，然而要维持这个增长率将会越来越困难。公司如果要在下一期保持上一期的增长率，不仅要出售更多的与之相关的优质资产业务，甚至为了掩盖这糟糕的选择，传统的优质资产也将被抛售。当然，用当前的资本资源去支持坏的生意是无济于事的。不用等太久，大家就会发现这是一次失败的游戏，公司迟早蒙受损失，那时候，进行补救恐怕要付出更沉重的代价了。

那么，销售主管应该做什么呢？这里列出了三种行动：

（1）寻找到一种方法，在好的收益与中性收益之间，鼓励前者，即让你的下属将额外的努力投入在公司可能取得领导地位的市场上。

（2）不要暗示公司不欢迎中性收益。如果没有大量的辅助机会性销售，公司不可能很好地实现收益目标。在你负责的领域之外做成一笔买卖，绝不意味着失败。所以，为这些成就欢呼吧。

（3）不要批准会带来坏的收益的买卖。如果一项交易要占用稀缺资源，就阻止它。若是这项交易通过某方式完成了，那么它属于中性交易，这是没问题的。

在有坏的收益和一个季度"毫无作为"之间，会有一个艰难的选择。然而在这里，答案是很显然的。你没有机会选择损失一个季度的收益，但问题是，你将损失哪一个季度。如果你真的这样做了，未来你可能会处于落后地位，就如在棒球比赛里落后了八球。一个经典的例子是20世纪90年代末期的英孚美软件公司，在一个又一个季度里，它都如在最后时刻的底线救球一般创造出这一期的利润数据。然而最后，它却损失了1亿美元，可见追求短期的坏的利润是多么可怕。

当然，管理层可能是这么想的：当前的季度不太正常，下一个季度就能返回正常的轨道了，与其接受利润减少而表现出脆弱，不如勇敢些继续向前。对于脆弱的第一反应，的确是个好的选择，如果再想一想，这样做似乎有勇无谋。最好的决定应该是能够经得起推敲。

为股东价值而管理营销

营销最重要的策略角色，是通过正确的市场定位获取稳固的竞争优势，以帮助公司最大化好的收益。这样做，实际上就是使用一系列的选择标准，在众多可能的市场上进行筛选。其中的一个标准是市场容量，对此一个通常的假设是市场越大越好，但事实并非如此。

的确，一个巨大而未被开发的市场具有非常强的吸引力，特别是没有其他公司在这个市场进行实质性运作时。在很多情况下，这是风险投资的最爱。但是，这种机会非常少，遥不可及，除非你的公司有突破性的发明。让我们在以下两种市场形态下做更一般的思考。

- 市场 A：在有众多生产者的市场上，正在形成巨大的机会。这个市场总体上已经被开发了，然而新生成的市场机会未被开发。
- 市场 B：一个由少数企业领导的市场，因为不怎么景气，所以没有引起注意。市场从整体上未被开发，很大原因是，要全面开发需要进行巨额投资，而对现有的企业而言，投资的回报率不支持做出这样的决定。

在以上两种市场中，哪个更有吸引力呢？如果你已经是其中的厂商，并且有理由相信你会先于其他竞争者获得这些机会的价值，而市场的领导者（如果不是你自己的话）不会干扰你的行动，那么市场 A 更好些。如果在市场上你并没有取得实际的位置，那么市场 B 将是较好的选择。注意：目标是占领未被开发的潜在市场，而非整体市场容量。要考虑的是公司获取市场份额绝对优势的可能性——实际上就是获得并保持竞争优势的可行性。

通过这些标准，在单一的纵向市场上通常能获得比宽泛的横向市场上更多的收益。总体而言，吸引投资者的是公司强大的 GAP 和持久的 CAP。专营单一市场的企业能够在自己的领域创造出差异化更强的产出，获得更多的市场份额。进而，这一领域的中间产品提供商也会变得与它更加"亲密"，建立起行业进入壁垒同时使得合作伙伴的转移成本大大提高。渐渐地，公司丧失竞争优势的风险稳步减小。这一切都将使公司获得更长的CAP。

所以，公司总是愿意明确它们的目标市场，使得自己在市场上有足够的能量以获取支配地位。小市场上的领导地位要比大市场上的弱势地位好得多。当然，如果是快速成长的小市场，那么领导地位就更有价值了。相比之下，进入不能持久的没有前途的市场，只会浪费投资者的资金，丧失竞争优势，进而使得股价下滑。

为什么公司不大力拓展纵向市场？为什么它们更倾向于放弃小市场上的优势地位，而追寻大市场上的弱势地位？答案在于，它们的投资者要求比特定的纵向市场上获得更多的绝对收益。随着公司的成长，投资者期望的底线和上线都在提高，要获得更大的增长数字，管理层不得不把市场容量看得越来越重要。然而，即使在小市场上的支配地位也不足以提供他们需要的数字，所以管理层将目光移向大市场，尽管在那里只能获得很小的市场份额——可能只有几个百分点，但是能够获得期望的收益，使投资者的期望不至于落空，以维持股票价格。无论如何，这种做法都是错误的。

当把目标设定为在一个大市场上获得很小的市场份额时，你就已经接受了其他公司占有大部分市场份额的现实。换句话说，这个市场在现有的参与者中，已经形成了GAP和CAP的结构，这种结构将阻碍你取得进步。所以，进入这样的市场是很不划算的。

然而，在开始时，你却期望着某种成功，因为每个市场上都有不满意的客户，他们在寻找新的面孔，以更换"口味"。但是，即使你在市场上找到了立足点，市场的能量结构也将会强力地阻止你获得更多的市场份额。对于秩序改变，市场是极其保守的，同时它会本能地通过自我组织来驱逐新进入的竞争者。在进入新市场获得了利润的飞升之后，未来的销售将会越来越困难。更糟糕的是，因为在这个市场上没有力量，所以你的公司将是弱势竞争者。销售时，你将折让出越来越多的利润。随着越来越多的资源被投入到这个收益越来越小的项目中，你的收益曲线将受到负面冲击，这将直接导致股票价格下挫，而非上升。

对于这个过程，一个典型的例子就是公司的海外扩张。带着强烈的期许和自信，它们打破了本土市场的限制，登陆一个远未成熟的海外市场。但是从一开始，隐患便埋下了。建立分销渠道所需的时间要比想象的时间更久，并且本土和海外团队的磨合也不是件容易的事。渐渐地，本土团队会认为他们选错了海外的经理人，而海外团队则越来越认为本土团队一无是处。

这种"机体不调"将会长期困扰公司，但是很少有人认识到，这不是销售的错误，也不是人事的原因，实际上是市场的错位，是执行层的方向性失策，而本质上是由于对投资者利润评估的错误认识。这是不正确的。

投资者所看重的是能够在长期获得高额边际收益的竞争优势地位。换句话说，他们关心的是未来具有较高预见性和较低风险的盈利潜力。而在大型市场上的边缘地位只会带来较低的预见性和较高的风险，这和投资者的期望正好相反。公司应该做的是在一个合适的池塘里成为最大的鱼。

这就要求市场定位要以"鱼和池塘的比例"作为指导原则，杰克·韦尔奇管理通用电气的哲学就是以此为基础的，他宣称，通用电气在参与的市场中都会是前两名，否则不会参与。一旦你决定了收益的多大比例将从某个市场上获得，你就必须决定你能否成为这个市场上的前两名。如果不是这样，那么你就必须调整资源配置以获得足够有竞争力的GAP，直到占领足够的市场份额，或者像韦尔奇说的那样，从这个市场上退出。如果不这样做，实际上你在与竞争优势明显强过你的其他公司竞争，结果必定让投资者失望。

这里，我们让一些事情清晰起来。不管你如何执着地执行你的策略，总会有一大部分收益来自机会性销售，在那些未进行明确定位的市场上，你绝不是市场份额的绝对统治者。我和韦尔奇没有建议你砍掉这部分收益，相反，只是让你明白那些收益不会增加公司的竞争优势，也不会对股价产生本质的影响。如果没有这些收益，你不可能使你的收益飞升，但是也不要将未来交付给这些收益。相应地，你必须持续、系统化地构建你的市场领导地位，以获得长期的竞争优势。

为股东价值而管理专业服务组织

我们这里讨论的专业服务组织（PSO）指的是大型公司内部的咨询小组，这些大公司的产品多需要某种程度上的系统集成。在技术支撑的市场上，这些咨询小组很容易遭遇认同危机，因为那些独立的咨询公司（如埃森哲或EDS）所取得的成就，或者是IBM的全球服务团队在企业客户服务中所起的作用，都让他们嫉妒。我们的PSO在能力上相比这些公司或组织并不逊色，然而他们的业务必须限定在公司之内，这势必引发摩擦。假如公司给他们自由的空间，他们可能会对股东价值有更大的贡献。

朋友外出玩耍时，一定要带着自己的弟弟或妹妹，有过这种经历的人会懂得PSO的感受。但这个基本的假设是有问题的，即只有获得自由，PSO才可能为股东价值带来更大的贡献。公司内部的PSO存在的价值是扩大公司主营业务的GAP和延长CAP。的确，他们也被期望产出利润，但是投资者对这些利润的多少并没有要求，因为他们的主要功能不是创造价值，而是为公司的更多产品提供服务。

如何把握这些问题，以及对什么是核心的、什么是辅助的要有怎样清楚的认识，这对PSO的管理者而言，是个挑战。对于独立的咨询公司，收益是核心任务，但是对大部分的PSO，收益却是辅助性的！需要确定的是，如果没有收益，那是不好的，因为这个组织要做的不仅仅是维持自己的运作，但是该组织的收益再多也不会抬高公司的股价。PSO的核心作用表现在以下几个方面：

- 帮助销售，开发新的工程以提高公司的行业地位，为研发部门提供新的产品规格。这些工程将为公司的产品更新提供必要的可预期性，并有助于进军新的品类。
- 在幕后做一些需要耐心且不为人知的工作以保证公司的正常运转，这也是那些独立的咨询公司不愿涉猎的工作。通过这些工作，PSO保证客户可以获得满意的产品，成为公司有益的辅助。
- 在海外分公司本土化的过程中，在一个或多个纵向市场上培养本土专家，以帮助公司产品获得竞争优势。这些专家可以通过有效的途径使得公司修正产品策略，以获得持久的消费者忠诚度。
- 掌握开发大型的复杂性产品所必需的系统集成知识，并且可以将这些知识打包交给第三方。这将开拓公司间的间接销售和支持，而成本是在损益表之外的。
- 为老客户提供服务，因为这些客户将得不到其他人的帮助，这项工作是有挑战性的。除此之外，这也有助于保持客户长期的忠诚和后续的承诺，同时也可能发现新的市场机会。

总而言之，如果将公司的整体业务放在自身的损益之上，PSO将创造最大的股东权益。当然这不是说他们不盈利是理所应当的，训练有素的人力资源是稀缺的，所以不能滥用。无论如何，应该将他们的每一个项目引导到有助于提升公司核心业务水平的轨道上，帮助公司在主要的目标市场上扩大GAP和延长CAP。

为股东价值而管理研发

20 世纪 70 年代我刚刚步入商界时，大型公司正是研发的桥头堡，一些研发中心如 PARC、贝尔实验室和 IBM 实验室被认为是各自公司皇冠上的宝石，是未来保持竞争活力的力量源泉。有趣的是，如果我们推进到今天，情况却不是这样了。技术发展多是出现在风险资金支持的小公司里，很多这样的公司在竞争中出局，然而那些存活下来并实现基本盈利的公司，往往可以成为 IPO 或并购的对象。尽管在公众看来它们是独立的公司，但长期来看，它们更可能被大公司合并，这样对大公司而言，虽然以一种迂回的方式，但研发的功能还是得以实现。结果是，技术创新是以达尔文而非爱迪生的方式进行的。

唯一的原因是大公司内的研发实验室缺乏动力，如 PSO 一样，相对于公司外部的独立研发团队，它们缺乏自由，体制的束缚导致想象力和认同的不足。的确，这是会遭到抱怨的。

如果认为从一家不熟悉的小公司处获得突破性的技术非常困难，那么就应该在内部的实验里做这些事情。如克莱顿·M. 克里斯坦森（Clayton M. Christensen）在《创新者的窘境》(*Innovator's Dilemma*) 一书中描述的那样，不管颠覆性技术来自何处，大型的公司体系总会心存偏见甚至拒绝。而小的企业却把开发颠覆性技术视为自己的责任。一个公司的研发实验室会把公司作为整体来考虑，而小的公司可以通过股票期权吸引天才员工加盟，对于市场销售，除了新产品，销售人员没有其他的产品可卖，这就解释了为什么颠覆性的研发成果更容易出现在分散的、风险资金支持的小公司里。

好吧，在以上讨论的基础上，研发管理应该做什么呢？一个关键点就是要把公司的研发实验室与各个产品部门有机地联系起来。例如 Nokia 和安捷伦公司，研发实验室很大程度上是依托于各个独立部门的，这就保证了开发的技术对提升产品的竞争力有直接的贡献。并且，这些实验室的领导者在新产品交付之后会保持跟踪，这就更好地保证了公司现有或新型产品线的持续性和整体性。

与专注于各自生产线的研发团队不同，研发中心通过整合不同的技术方向，创造出特有的优势，借此可以帮助公司在各种技术之间寻找突破点。这些技术需要与公司的目标紧密结合，同时也不应该局限于近期。最重要的考量是，正在研发的工程是否能够突破当前行业发展的瓶颈。

在所谓的"乡村俱乐部"里，研究项目多数带有很大的随意性，科学家们追寻着自己的兴趣，而没有任何经济上的约束。与此相比，市场上的情况全然不同，没有一家公司愿意建立这样的研究机构。公司的研发部门要做的只是给科学家们创造足够的自由，让他们可以进行局外的思考，而不受公司产品序列的束缚。这种投资如果适量，那是值得的，但是如果过量，就会纵容无助于公司发展的行为，这时高层领导应该介入，使研发重回正轨。

总体上，从投资者的观点来看，公司实验室的收益在于能不能有效地突破克里斯坦森所说的改革者的困境，在公司当前的产品停滞不前时，带来颠覆性的技术革新。这是本书第 5 部分的主题，我们姑且留待后面做进一步的论述。

为股东价值而管理运营

为了讨论这个问题，让我们在更大的范围内讨论运营的意义：任何包含了大量的人力投入和重复性工作的商业过程都是运营。所以生产线，销售部和人事部，客户支持和电话销售中心，运送和仓储，设施维护以及安全组织都可以算作运营实体。从这个意义上理解，当讨论股东价值管理时，

COO（首席运营官）要把他们自己想象成采购官员，他们面对的是分清核心与辅助的挑战。

但是当下，这不是 COO 的思考方式；相反，COO 更愿意把自己看作公司内部事务的监督者，而本职工作是让公司更加有效地运作。如果这些事务的确应该在公司内部运作，那么他们做得没错。但是，在准备采用对辅助性业务进行采购而专注于核心的策略时，对核心和辅助进行区分的管理团队一定要多用心。这就是运营团队应该做的工作。公司里的其他人或许会认为 COO 有这方面的知识，并且每个人都会对核心和辅助的区分有自己的判断，但是只有手握权利的人才能做出最终的决定。问题是，这样的决定会做出吗？

在旧的经济环境中，任何业务的管理者都被要求将业务流程尽量简化，公司的章程也是为了让管理者在某一个合适的水平上发挥作用，而不要求他们有进攻性。所以，在这样的情况下，不能指望他们能做出什么改变现状的决定，就像不能指望让一个奄奄一息的人解开受困者的绳结一样。但是在新经济中，情况完全不同。那些在辅助性业务的管理方面能创造出富有创造性的解决方案，进而可以富有成效地推进外部采购策略的人，才会是新经济中的赢家。

决定哪些业务可以通过外部采购获得，选定合格的供应商，建立基于信任的关系，商定成熟而精确的合同，导入可以获取可见度和维持客户控制的系统，督导新工作流程的实施，处理那些不可避免的摩擦，以便更好地管理这种正在进行中的采购关系，达到提高服务水平和降低成本的双重目标。这些事情都不是一个失败的管理团队可以做到的，或者说，你根本不能指望他们做到。上面陈述的就是一个打开新局面的有效范例。风险资本也相信很多小企业是通过扮演供应商的角色来获得资金来源，这样的机会一出现就会被纳入视野。但是，这些机会的最终提供者是那些客户公司的管理层。

在这里，我想要说明的是，运营管理层可以通过采购辅助性业务这种戏剧性的方式增加股东价值。不可否认，也可以通过从公司内部挤出一部分生产力，增加利润和每股收益，这样做也可以提升股票价格。换句话说，管理层当前还可以做许多事情。但是，相对于清理众多的辅助性业务，这些收益微不足道。

或许，对一个运营团队而言，最大的挑战和最有冲击力的行动是，剥离某个公司内部的组织，处理过去的成本中心，并把它转变成一个独立且盈利的实体。这是一项大型的任务，如果没有母公司对这个新实体后续年份的订购许诺，这项任务便不能进行。毕竟，这个实体过去从来没有作为独立的公司运营过，也缺乏这方面的能力。最终，许多这样的实体被依次剥离，而市场和销售部门却被牢牢把握。为一个被剥离的组织注入创业者的自信，需要真正的领导力。但是，毫无疑问，如果一个组织接受了这项挑战，它的前景将无限光明，那时所能做的不仅仅是控制自己的命运，这次创业带来的收益也将非常可观。

我们用一个更实用的论断结束这部分的讨论：任何对辅助性业务的采购都是正确的。确实，明确地标出辅助性与核心业务的界限将有助于公司使用它的资源。而在投资资本要求更高的回报率的挑战下，有损价值的行为就是重返那条一团模糊的老路。

为股东价值而管理财务

现在，如果一个组织认为自己直接与股东价值管理相关联，那这一定是财务部门。作为损失 - 收益的计算者、预算工作的领导者、月度财务情况的提供者和季度报告的发布者，财务部门经常认为自己对公司的财务状况了如指掌，并且是股东的联盟者。

实际情况是，以损益表为目标的财务操作并不一定会体现股东的最大利益。不可否认，在成熟的市场上损益表可以直接反映经营效果，因为损益表可以如实地反映中短期运营的收益，这也是成熟市场上的正确目标。然而，在发展中经济的成长部门，可持续的竞争优势很大程度上决定了公司的市场地位，纯粹以损益表为目标的计算方法可能会引致可怕的错误，这类似于从小奶牛身上挤奶，操之过急肯定会带来严重的后果。相反，正确的目标应该设置在市场成长和未来表现上，而非眼前的产出上。

在市场统治地位未见分晓之前，是否能取得竞争优势，并不能从财务上的损益表直接表现出来。不要以短视的损益表来理解这个结论，不仅是财务部门，整个管理团队如果不能处理好这个问题，就会使股东价值遭到损失。且看下面的论述。

首先，是好的一方面，**损益表可以发现当前 GAP 的变化**。销量的下滑，或者公司由于缺乏竞争优势而打折出售产品都会导致 GAP 的减小。在很多情况下，损益表可以警示管理层，让他们采取行动。这就是大型公司可以在成熟市场上持续进步的原因。这里只涉及 GAP，而没有涉及 CAP。如果 GAP 减小，那么就在下一季度的销售竞争中，把它拉回来。

其次，就是坏的一方面，**损益表不能检测 CAP 的变化**。如图 1-1 中所示的那条曲线，左端是当前季度的财务表现，这个数值是确定的。向右移动几个季度，这条曲线是向上倾斜的，因为历史数据和表现可以保证未来一段时间的收益是可依赖的。但是，再向右移动 12 ~ 24 个月，曲线就不再依赖于数据，而纯属靠推断了。

在现实世界中，未来的收益情况是不能依赖于推断的，而要依赖于竞争优势的观念和模型。所以理解 CAP 的策略性是必要的，这比任何数字分析模型都可靠。不幸的是，那些只会算数的管理团队却错过了这次转变，他们的视野被我们称作损益窗口的区域限制住了（见图 3-1）。

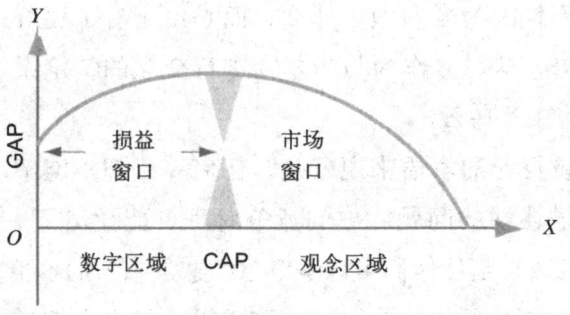

图 3-1　数字与观念

数字计算起作用的区域就是损益窗口，它与市场的波动有关，使得未来 2 ~ 6 个季度有一定的可见度。在这个窗口之外，纯粹数据的参考价值就很小了，然而对市场业态还是应该有一个模型，帮助我们判断每一个参与者的实力，以及他们在市场竞争中的地位，最终确定谁将会在竞争中胜出以及胜出的原因，这就需要分析 CAP 了。

对确定的市场，CAP 的变化是缓慢的，如果某些大公司在竞争中削弱了某些边缘公司的实力，借以增强自己的优势，那么就可以预见 CAP 会显著增长。所以，一旦 CAP 策略被很好地理解，在市场竞争中，这种思维方式就是理所应当的了，并且会重新调整对季度报告——最近一次 GAP 变化的态度。然而在成熟的部门，随着时间的推移，管理团队和投资分析会越来越专注于数字分析的方法，甚至是对长期行为。但是，在面对周期突破性的变革时——高科技及依赖于技术的行业多有这种情况，这种分析方法却容易错失机会。

在这样的环境下，财务团队应该怎么做呢？第一个需要回答的问题是，怎样才能推动公司的股票价格呢？让我们假定公司有稳固的市盈率水平，所以公司的历史收益水平是推动股价的首要因素。但如果市场上出现颠覆性的变革，引入了新的竞争模式，以至于动摇了现有的力量对比平衡，在这种情况下，公司的股价将受到负面的冲击，收益将变得很不稳定。股东纷纷卖出股票不是因为公司做了什么，而是由于有了更好的选择。公司的前景被阴霾笼罩，这时，作为与华尔街进行交互的特定渠道，财务团队一定要发挥作用，拨开乌云。

借用高科技行业的术语来说就是，任何算法都不能解决这个问题。相反，这是一个描述性的问题。你的竞争对手可能让出了一部分市场份额，旨在未来将你打败。当然他们可以争辩道：这是未来的事情，公司良好的盈利还会维持更长的时间。但是用半个脑袋想一想也会知道，从长期看，这是在吹牛皮。要打破这种不可信的论断，你必须讲述自己的故事。你需要建立自己的愿景，并且依赖于这个愿景的好坏，你将从市场上拿回属于自己的东西。市场前景，决定了颠覆性公司股票的价格，它很少关注公司以前的业绩，对当前财务表现的关注程度也有限，而最关注的是公司的其他方面，以及它们的可信度。不幸的是，尽管这些公司不愿承认，但损害还是发生了：如果该品类的颠覆性还在延续，你的公司的生存问题仍然摆在桌面上。在这种情形下，你必须讲出自己的故事——以一种正确的方式。

一旦你的公司创造出一种可信的愿景，而你的竞争对手也宣扬与之相对的愿景，那么市场竞争将上升到第二个阶段，即谁赢得大部分市场份额，谁就会赢得这场竞争。在这里，我们又重新进入了损益表的世界，但关注的不是收益，而是收入，在竞争市场上，收入可以明确地反映市场份额的多寡。这会使股价发生变化，因为市场份额是CAP的一个重要的风向标。在这场竞赛中，市场从整体上成长得越快，市场占有率增长得就越迅速，进而对那些加速发展的事业的直接投入也就越重要。这种投资一定会有损近期的业绩，投资者也会因此责怪你，但是没有办法，如果你成功了，这些只是暂时的。如果在市场份额争夺战中败北，将会带来更严重的后果，因为前进的策略路径被阻断了，你要么寻找新的路径，要么就得接受被边缘化的宿命。

若从股东价值管理的角度来看，财务部门需要了解的至关重要的一点是，股票价格不总是简单地由每股收益决定的。毋庸置疑，对未来收益的良好预期是投资者在乎的，但是在新兴市场上，特别是在经历了快速成长及赢者通吃的技术支撑的市场上，应该准备牺牲当前的收益以获得稳固的竞争优势和市场领导地位。如果公司想要获得投资者优化的估值水平，那么就必须面对市场的未来建立自己的愿景和策略，运用随之而来的竞争优势，不仅要保证在成熟市场上的收益，而且要开拓新兴市场以取得收入。

为股东价值而管理投资者关系

回想一下，大多数投资者的唯一目的就是，在公司的前景不甚明了的时候买入股票，然后在前景大好时将股票卖出。所以，他们寻找的就是处在这个过程中的公司。

在一个快速成长的单一市场上，证明你能够获得多数的市场份额，对投资者而言，将是最好的吸引力。大多数小企业实践着这样的努力，并时刻准备传递出它们的信息，而这些企业的市盈率是华尔街平均水平的几倍。当前的投资者热切地希望看到收益的增加，要求公司必须持续地成长。这就致使公司不得不将业务扩展到多个市场的不同领域。由于这样的做法，竞争优势变得模糊了。因为 GAP 和 CAP 总是在单一市场的特定品类里才是明确的，品类或市场的改变会导致 GAP 和 CAP 的剧烈变动。那么，投资者会怎样看待一个多元化公司的 GAP 和 CAP 呢？

实际上，首先要回答的问题是，投资者会对一家多元化的公司投资吗？对大部分投资者而言，答案是否定的。他们对多元化的股票不感兴趣，因为与其做这样的投资，还不如购买共同基金、指数基金或类似的投资组合。相反，他们对单只股票收益的期望要大于基金或市场指数，所以主营业务单一的股票会比多元化的股票更有吸引力。

特别是在高科技领域，投资者多以专营作为高成长市场上的投资标准，专注于公司对新兴市场的控制力和领导力，驱动它的成功不断升级，《猩猩游戏》中对这种策略有详细的描述。相比之下，那些拥有多种业务的成熟公司便不会受到这种青睐，因为它的投资组合中不可能都是高成长的业务。

要计算这种效应并为自身的股票积攒人气，大型成熟公司的管理层必须建立某种机制来协调各种不同的业务。更进一步，这种机制必须是真实的，因为公司之后几个季度的表现将与之息息相关。在早些年，协调的首选方式是纵向一体化，而在现代经济中，投资者越来越坚持将自己的资本投入到核心业务中，所以纵向一体化越来越过时了。今天，共享技术和知识产权，共享分销渠道和基础设施，以及共享市场和消费者信息，越来越成为吸引投资者的协调方式。不管协调的方式如何，最终的问题还是，在不同市场多元产品的前提下，这会影响公司的 GAP 和 CAP 吗？

因为 GAP 和 CAP 在本质上是对特定市场而言的，所以要获得这个问题的可靠答案，公司必须对它的产品按照不同的品类和市场做出准确的分类。这样做的好处是，对公司涉足的每一领域，投资者和分析师可以与同类其他公司进行对比，进而得出一个市场估值模型。通过将每一领域的估值结果相加，就可以得到公司总体的市场价值——这就是投资者和分析师需要的。但是，这完全不是《财富》500 强企业的通用手法，为什么呢？

一般说来，《财富》500 强企业对那些整合公司产品的细节问题持保留态度，主要是由于两个原因。第一，如果不是迫不得已，它们不愿向投资者暴露自己的策略意图；第二，对某项业务，它们总是希望尽量少地将自己的实力、弱点及相关信息展示给竞争对手。这两个原因使得在传统的向股东报告的过程中，它们会尽可能地掩盖自己公司内部的操作，在投资者和分析师能够接受的范围内，它们总是将财务状况整理成一个表单。

在一定程度上，这种做法将投资分析引向了抽象的财务比较。即按照通常的比价模型找出一组大体相近的股票（因为财务状况很详细，所以无法精确地找出相似的股票），然后计算它们的平均市盈率水平，并以此为参考，对特定的公司进行估值。在这种估值体系下，投资者和分析师对公司的财务做尽可能细致的考察，公司收益会引起他们特别的兴趣，因为收益的增加就等同于股票价格的提升。财务的处理方式给成本和收益的衡量带来一定的浮动空间，这就引发了一场"隐藏和寻找"的博弈，在季度报告期到来时，这些情况都集中发生了。

在成熟市场上，这个过程尽管不会为公司发展带来好处，但是至少没有明显的坏处。在剧烈变化的市场上，公司的前景更多的是由 GAP 和 CAP——也就是由观念而非实际的数字决定的，这种机制本身的分量在下降。颠覆性的变革为传统市场上的领导者带来了 GAP 和 CAP 的双重挑战，导致它们不得不直接安抚投资者的情绪，不幸的是，它们只能对财务报告做些手脚。

让我们从投资者的观点来看这个问题。面对某项技术性变革，为了稳定投资者，公司会宣称它已经启动了自己的变革计划，但是从那些粉饰过的财务报告中，投资者只能看到个位数的增长速率。而那些真正变革的公司，受益于本身的小规模，正享受着快速的成长历程。投资者会推断要么是你的变革失去了方向，要么他们就是你谎言的牺牲品，或者其他一些没有暴露的问题正将你从估值高台上拉下。当然单从财务报告中，根本无从分辨这些情况。经过一些思考后，投资者或许不再关心这些问题，他们会从你的股东名单中退出。

面对这个问题，一种应对的方案是发行定向股票，与公司的传统业务相分离，将这部分融资放在某项特定的业务中，并做单独的财务处理。通用汽车对 Hughes Aircraft 和 EDS 业务就是采用了这种策略。对待众多不同的互联网资源，微软公司也是采取同样的做法。在网络泡沫中，许多公司像互联网资本组织一样，在它们的投资组合中也加入了相当数量的定向股票。

作为一种特别的融资模式，如今定向股票仍然在发挥作用。随着时间的推移，许多公司发现这种资本结构可以取代公司内部的协调。当然，定向股票的估值与母公司优质资产的估值会带来一些混乱，但可以肯定的一点是，对揭开公司财务的神秘面纱，是有好处的。所以，不管你说定向股票是好主意还是坏主意，投资者关系管理部门都创造出良好的结果，通过发行实际的定向股票，你可以不必在季度报告时挖空心思，公司的运营情况也可以更加精细地呈现给投资者。

在企业艰难时期管理股东价值

我想用一个标新立异的结论结束本章：当公司的股票价格开始下跌时，管理层应该怎么做呢，或者更糟，什么都不做吗？乍一看，你可能会说，这只是没有进行股东价值管理的后果。让我们先抛开繁杂的事务，找到那些该对此负责任的家伙。事实上，商业是有周期性的，价值投资一次次地证明大多数股票都符合这个规律，所以不能总是将股价的下跌归咎于竞争力的下降。投资者需要观察的是，对此管理层做了什么。

在成熟的市场上，GAP是决定性因素，人们普遍接受的最佳管理应该是围绕着市场的黏合度与策略的调整，经常是通过吞噬小企业实现的。在这里，我要强调的挑战不是这样的，这种挑战本质上就是断层地带。当进行了颠覆性创新的企业开始危及它原来的地位并取得了一定胜利的时候，大企业怎样进行股东价值管理呢？

你必须从悲观的一方面进行考察。你过去拥有的、许多年来支撑你的股价的CAP，现在已经不再稳固。更糟糕的是你要进步就必须应对挑战，甚至对过去有稳固收益的领域还需要追加投资，这必然会导致无法吸引投资者的财务结果，而投资者必定会卖出你的股票以示惩罚。这样，GAP和

CAP 都会面临窘困的境地。不是因为你做错了什么，而是因为世界改变了，过去的高价值已不复存在。

从本质上讲，投资者正对你的公司施加一种新的并不熟悉的风险贴现。他们看到了这个行业的未来收益流，并把这作为"下一个大机会"，他们也很关心你的公司是否有能力实施新的计划。如果你的公司对一个公认的前景不错的行业投资不足，那么他们会担心市场会被新进入者瓜分，进而使得现在稳固的市场地位将来会动摇。这就是公司股价波动的原因。

直到现在，那些以损益表为指向的管理团队面对这个问题时仍不知所措。这是因为，尽管竞争风险出现的迹象越来越明显，威胁也逐步在损益表中隐约体现，但是没有实际的损益表的数据，管理层依然无动于衷，当发现这一切时，已经来不及补救了。这就是在 20 世纪 90 年代，由于受到微软 NT 操作系统对 Netware 的威胁，尽管当时诺威尔（Novell）仍然有超过 60% 的市场占有率，收益也创出新高，但它的股价依然受到重击的原因。诺威尔管理层的惊慌可想而知。

要对付这个难题，就必须打破对损益表的过分关注，因为这使得管理层不会涉足新兴市场。如果单从数字的角度看，介入新兴市场绝不是好的投资选择——市场风险大，中短期收入机会不多，在可预计的时期内，甚至收益会为负值。此外，管理层介入新兴市场不但要面对颠覆性技术带来的挑战，而且还可能影响到公司的其他业务。为什么要牺牲当前的好生意，做这种坏的买卖呢？简单地从损益表的维度，管理层看不到其中的好处，只看到负面的结果，于是自信地走向灾难的边缘。

管理层的失败是由于先入为主地采取了成熟市场的一般假设——任何大市场都将永远存在。例如，总会有汽车市场、钢铁市场、饮料市场、香烟市场、保险市场等。在这种假设下，持续的创新并不能稳固地创造价值，一般就是这样。

在技术支撑的市场上，却绝不是这样的。如书名断言的那样，他们处在断层地带上，即在某些方面的疏忽可能会导致公司的根基被推翻。1978

年，我刚从商的时候，文字处理工具的首选是 IBM 的电动打字机，它外挂一个乳白色的键盘，用起来非常方便。这个电动打字机售价是 1000 美元，是打字机市场的旗舰产品，而耗材市场却很冷淡。可现在已经没有打字机的市场了——它不是退化了，也不是单纯地过时了，而是永远消失了。

那么，其他的办公自动化设备呢？电报机、专门的文字处理器、计算器以及收银机，这些都曾经是产生了巨大收益的品类，但现在这些都是非常简单的操作，所以都消失了。而且，近年来，对一项技术生存期的预期不是变长而是缩短了。直到 1980 年，电话答录机才出现。今天，由于语音邮件的普及，电话答录机市场已经不复存在了。这个市场从兴起到结束只有不到 20 年的历程！局域网在 20 世纪 80 年代后期才普及，但现在流行的是企业内网，从开始到结束也只有区区 15 年。网络浏览器到 20 世纪 90 年代才开始出现，但现在正被一种扩展的操作系统所取代，从开始到结束还不到 10 年的时间。我们讨论的不是市场上产品的更替，而是新旧市场的兴亡。

从这个意义上讲，管理层应该抛弃市场稳固性的假设，当然，这并不意味着没有长期存在的市场。惠普的打印机在市场上的确一直占据领先地位，在这方面，至今还没有人预见会有什么替代技术。如果人类愿意对个人电脑的定义做一些改动，个人电脑市场还是会长期存在。现在看来互联网还会存在很长时间，因为它还很年轻，还有更加美好的前景。要知道，并不是所有技术支撑的市场都不会长久，只有那些不需要长久的市场才会消亡。

一旦接受了这个观念，成熟市场的管理就需要采用新的维度来衡量。这不再是简单、有效的损益表管理了，还需要加入技术范式的生存周期管理，要求公司的策略库里增加一些其他的衡量准则。

这就是本书剩余的部分要关注的。在下一部分中，我们将重新检验和满怀希望地扩展对竞争优势的理解，以便于在更加广泛的范围内理解成功的内涵，其中某些方法对我们是陌生的，更多的是帮助我们应对技术变革的关键元素。

LIVING

ON THE

FAULT LINE

第 3 部分
竞争优势

公司的市场价值反映了投资者对公司未来前景的估值，所以，它又是一个关于预期的竞争优势的函数。从实际的角度看，它代表公司竞争优势策略的水平，由投资者对公司能否成功实施这项策略的信心而定。那么，提升股票价格的最直接方式就是修正你的策略，让投资者相信你追寻的目标比他们想象的更加光明，你能在新的战场上获得成功。这就是投资者最在意的事情。

你的公司将如何创造竞争优势？怎么做才能持续地差异化你的产出？在草率地回答这些问题之前，我们先来考察一个志在长远的模型，即对你所有可能的选择做一个排列组合，形成一个 4×4 的表格。这个模型可以帮助管理团队在这 16 种可能的方案中进行优选，制定最佳的策略模式。如果能很好地实践这个模型，管理层不仅会把握住公司的核心业务，而且能区分其他 15 种辅助业务。这将是一次巨大的成功。

从本质上讲，竞争优势图[⊖]是 4 种策略优势和公司的 4 种可用作差异化的资源的对应，在生成的 16 种各具特点而且可以持续的策略优势中，每一种都有众多《财富》500 强企业作为例证。竞争优势图可以作为原则性的框架，首先可以帮助管理层厘清公司的内部资源，其次可以帮助他们深入理解意欲投资的目标市场，以建立持续的竞争优势。

和任意一种说明性模型（prescriptive model）一样，这个模型分为两个层次。在精练的层次上，它寻求在围绕着竞争优势的众多讨论中排除纷扰。从这个意义上说，它是精简性的。如果不能满足竞争优势图中某个格子的要求，就说明你的策略没有意义。这句话很有火药味。对此，管理者可以谦虚地接受，也可以坚持自己的策略，并精确地解释为什么自己的策略要比表格里列出的更好。

在扩展的层次上，竞争优势图是一个动态的模型。就像下棋一样，在竞争对手的反应使得市场情况确定之后，管理层被期望从一个格子走到另

⊖ 此图可参照图 6-1。

第 3 部分 竞争优势

外一个格子。从这个意义上说，它可以帮助管理层寻找到新的方向，并且设定"变化管理"的日程，使得困扰公司的事情被消除，有益于公司的事情被接纳。作为一个动态模型，它让安稳的有冲突，让冲突的获得安抚。在变化的世界里唯一不变的真理，是如果你能找准自己的位置，剩下的就在于你能不能坚持下去了。

现在就让我们快乐地开始认识这个模型的旅程吧。

第 4 章

竞争优势层级

$\qquad$争优势图中的 4 列代表 4 种不同的竞争优势，它们以竞争优势层级来描述。在这个模型中，将不同级别的竞争优势组合成一个倒金字塔形，其中层级越低，市场力就越强大（见图 4-1）。

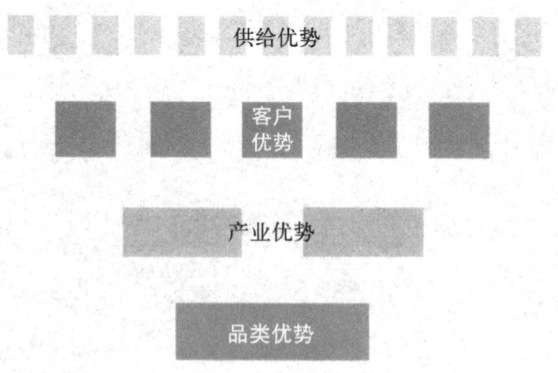

图 4-1　竞争优势的类型

让我们逐层分析，弄清每个层级上的竞争优势可以驱动什么样的市场力。

供给优势

供给优势代表供给本身的差异化程度。在所有的竞争优势中，这是最基础的，大多数公司都将公司的大部分资源分配于此。一个 4P 模型可以对它进行很好的描述：产品（product）、价格（price）、渠道（place）和促销（promotion）。

在商品市场上，购买力集中在消费者手中，供给优势是厂商唯一可以依靠的，并且依靠的经常是承载销售的价格，而且只有价格。尽管可能会引起投资者的不悦，但在这一市场博弈中，厂商还是会尽可能地降低价格。

在市场上，一组可以接受的价格对应着一定的利润范围，于是供给优势就成了产品线管理的基础。这就是价格竞争的市场。简单地说，厂商就是一个零售者，它在给定的品类范围内向消费者提供好的、更好的和最好的商品。换句话说，产品标明自己与众不同，并为此要求一定的价格回报。随着复杂性的增加，产品需要满足许多不同的需求和具有不同的用途，而价格要求也更有分量。并且，消费需求的复杂度越高，产品优势的持续性就越强。特别是在技术市场上，基于产品供给的优势可以很容易地体现公司总体的竞争优势。

供给优势也可以表示为购买体验的函数。渠道代表提供给消费者的舒适程度，厂商可以选择提供一个地方（商店）或者主动接触消费者（推销）。拥有稳固的销售渠道，或者特定的商店，都可以提升购买者对产品的体验，进而增加供给优势。特别是在深思熟虑的购买中，值得信赖的销售渠道可以帮助消费者分析不同产品的优缺点，减少风险，节约时间，提高他们的舒适度，以便做出正确的选择。对不需要进行考虑的购买，如从杂货店里买某个牌子的食盐，渠道就是一个货架（拿盐时，你必须弯腰吗），什么样的产品占多大空间都是有关系的（所有的盐都是蓝袋子装的）。

促销也会对购买体验产生重大的影响。在深思熟虑的购买中，最能影响消费者做出购买决定的是产品的口碑。尤其是那些讲求实惠的购买者通常不会一听到别人对某种产品的赞美就决定购买它。这就需要那些聪明的厂商为提升产品的公众效应支付营销费用，并放大那些满意的消费者的声音，来吸引潜在的消费者，使他们相信这个产品与其他的相比有更多优点。

而在消费品的购买中，相比而言，购买决定更多的是由商标的图案以及消费者的主观意志决定的。现代广告学认为，理性的消费者面对广告会构建一种复杂的防御体系，他们想要搞清楚某则广告的目的，有些甚至是广告者没有想到的。无论如何，品牌的吸引力依然存在，特别是对服装和汽车这类象征身份的商品。除此之外，消费者需要的是可靠、性能明确、保险的品牌，他们基于对厂商价值的判断决定是否买单。在所有的情形中，促销的目的不仅仅是传递商品的信息，还要提升和加强购买体验。

这就是供给优势，也是经营的必要条件。如果你没有供给优势，除非能够强制消费者购买你的产品，否则你将被淘汰出局。但是，在产品的生命周期内，供给优势可能会从一家厂商转移到另外一家，例如，今年福特有最好的运动型汽车，明年可能是克莱斯勒，后年也许是丰田。所以，从投资者的观点来看，供给优势是支撑高估值的一个必要条件，但不是充分条件。

特别是，供给优势可以创造影响短期收益的GAP，却不能创造CAP，即持续获得高收益的能力。如果你仅仅能保证现在有供给优势，那么一旦失误一次，你就落后了。这使得你的股票存在高台跳水的危险，从长期投资者的角度看，这是最糟糕的结果（尽管这只是假设）。从这个意义上讲，即使是那些长期保持创新的公司也是不安全的。这个结论将我们，还有管理层，引向竞争优势层级结构中的下一个层次——客户优势。

客户优势

客户优势表现为：尽管认为其他的产品更有吸引力，但客户还是会购买你的产品。他们可能把这当作一种投资，为的是维持与你的关系。这就是客户忠诚度，它根植于许多因素之中。

在存在很高的转换成本的商业关系中，例如电脑厂商与元器件提供商，客户忠诚度源于系统的兼容性，以及方便共同解决问题。就大多数的复杂系统而言，在技术的生命周期内，大多数客户都会忠诚于他们的提供商，仅仅因为这是最可靠的方式。

要获得这种忠诚于提供商的客户优势，需要在同行业的一群公司中传播影响力。如果该行业前几名的公司对相同提供商生产的同一种部件有共同要求，实际上就为行业制定了一个标准，执行这个标准对提供商而言是有吸引力的。首先，那些标准外的企业不能对抗这个标准，所以在竞争中越来越难以为继。其次，这个标准的支持者会推出辅助性的产品和服务，简化对这个标准的支持，以强化标准的存在。这些公司的销售团队也会让它们的提供商相信，遵循这个标准会大有前途。这一切对竞争对手形成了壁垒，他们只能从该行业退出了。

所有这些都反映出持续的竞争优势，当商业客户要进行深思熟虑的购买时，这种细分市场上的力量就起作用了。要注意，在这里，即便是细微的差别也会导致完全不同的结果。如果一个厂商放弃为一个行业前几名的企业提供产品或服务，而转向了其他行业，那么，在那里它只能拥有一两个企业客户，如果再继续转换下去，情况会更糟。处于辅助地位的提供商会被允许进入某个行业，来达到该行业的力量对比平衡。因为这会削弱提供商的谈判力，使得没有一家公司能够赢得整个细分市场。结果是客户优势被浪费了，公司还是只能依靠供给优势。这使得股东价值的增加受到限制，进而影响到公司的市场价值。

断层地带 ———————— LIVING ON THE FAULT LINE

在消费者市场上，客户忠诚度最有力的形式来源于品牌偏爱的惯性。一般的消费者——就拿你自己来说好了——走进一家商店或药房，在你面前的是数以万计的商品，不管你对购物多么狂热，你的时间总是有限的。对某种商品，毋庸置疑，你会依照自己的喜好货比三家，但你还有其他一大堆东西要买。

这时，品牌偏爱就显示出作用了。在购买之前，你可能已经征求过你的爱人或朋友的意见，因此在你心里已经对某一种类的商品品牌有了一定的认识，对购买哪种商品，你已经有了预先的打算。这就是消费。在丰富的商品市场上，这是最基本的模式。所以，持久的品牌价值是股东价值的一个重要组成部分。因为那些拥有品牌的公司可以获得消费者的青睐，年复一年，消费者对该产品的惯性依赖越来越强。因此品牌忠诚度对CAP的贡献巨大。

品牌忠诚度与品牌力不同。品牌力是指向消费者要求额外价格支出的力量，它对GAP有突出的贡献。例如，像高级钢笔、定制服装以及高端汽车这样的奢侈品，尽管这些产品与同类的低价产品相比，性价比并不高，但这并不影响消费者对它们的热爱，在这些产品面前，消费者只知道他想要这个品牌，而忽略了相似产品的存在。

如果你能把同一种产品卖出高于竞争对手的价格，你更有可能为股东创造出吸引人的收益，这是不言自明的。如果拥有这个根基，你将可以控制整个市场。这就是客户优势的力量。把提升GAP的品牌力与延长CAP的客户忠诚度联系在一起，公司就能从它的客户群体中获得可观的收益。

从股东价值管理的维度，客户优势代表从供给优势向前跨出的一大步。这需要寻找最佳目标市场和具体执行策略的营销智慧。能满足这些要求的公司，可以获得比同类公司更强的对收益的控制力，尤其是在消费者有更多选择余地的买方市场上。

然而，还有比客户优势更强的竞争优势。在整个市场范围内，它至少可以产生不亚于客户优势的冲击力，它的范畴涉及客户、合作伙伴，甚至竞争对手。它就是产业优势。

产业优势

当一家公司可以支配它的供应商、合作伙伴，甚至客户，进而可以决定自己产品的类型时，它就拥有了产业优势。在高科技行业，有一系列这样的公司，如微软、思科、SAP、甲骨文、希柏等，《猩猩游戏》一书对它们的产业优势有过描述。

这些企业都有一种共同的优势，**它能够对支撑整个高科技产业的基础结构进行控制，使得参与其中的企业有很高的转换成本。**如果要自己组装电脑，你必须从微软那里购买操作系统和办公软件，尽管你可以购买 AMD 的芯片，但是截至目前英特尔仍是 CPU 市场上的领头羊，购买英特尔的芯片更可靠。如果你想构建企业的管理系统，最好购买甲骨文的数据库。如果你想搭建企业网络，就购买思科的网络设备。

尽管上述公司都有竞争对手，而且竞争对手的产品单纯从性价比而言，可能更有优势，但现实就是这样的。竞争对手用供给优势来挑战产业优势，结果只能是失败。当然，有的时候，行业的领头羊公司的确拥有最好的产品，但在大多数时间里它们只是用市场份额来证明自己的产品是最好的。这是不公正的，可是在价值链上的客户和合作伙伴从未对此抱怨过。啄序是所有社会模型中的普遍秩序，遵从强者是游戏规则的一部分。

在带有很高转换成本的市场中占有绝对优势的份额，可以给替代者设置难以逾越的进入壁垒。支配这些市场的公司，因此可以获得长久而稳定的 CAP。同时，因为它们是游戏规则的制定者，所以也拥有内在的 GAP 优势，特别是对整个产业而言——尽管这些公司不能满足消费者的全部要求，但它们可以通过合作伙伴来弥补这部分缺失，所以在消费者眼中，它们的产品更吸引人。这就是讲求实效的消费者都会购买IBM、微软、思科或英特尔的产品的原因所在。

在高科技行业之外，产业力量的来源千差万别，但归根结底都是由于：拥有这种力量的公司，不但是自己的做市商（market maker），而且还可以控制市场上的其他公司。例如，沃尔玛超市是消费品公司的做市商，因此为了满足沃尔玛的要求，高露洁的SAP方案做了很大的改变。同样，三大汽车巨头是它们的供应商的做市商，可以为自己的发展定调。飞机制造业中的波音公司、投资银行业中的高盛和摩根士丹利、娱乐业中的迪士尼，都是这种情况。

在这些市场上，如果要和做市商对抗，那几乎是死路一条，这又使得大多数公司不得不接受做市商。有了这种效力，做市商可以在价值链上重新进行分工，当然收益最丰厚的部分是要留给他们自己的，而那些低收入、低影响力的工作则分配给其他公司。在PC产业中，这一点可以由微软和英特尔的所作所为生动地证明。沃尔玛对供应商的控制力，三大汽车巨头将电子时钟交换系统分配给供应商，都是市场领导者对价值链进行分工的很好的例子。

迈克尔·波特（Michael Porter）的价值链模型可以帮助我们理解这种市场力。在典型的高科技行业，价值链可以用图4-2表示。

尽管价值链是从左向右运行的，但要掌握它工作的原理，最好还是从右向左进行解读，从最右端的货币开始。货币收入反映了厂商许诺的价值成功地转化成实际的消费者价值。经济型买家支撑着终端消费，进而支撑着价值链上的其他部分。价值的转移是他们的最终目标。依靠终端客户的购买，他们可以实现价值增益，当然这必须通过降低成本、提高生产力或者提高竞争优势来做到，而且终端用户必须依靠技术型买家帮助他们选择正确的系统并安装。

第 4 章　竞争优势层级

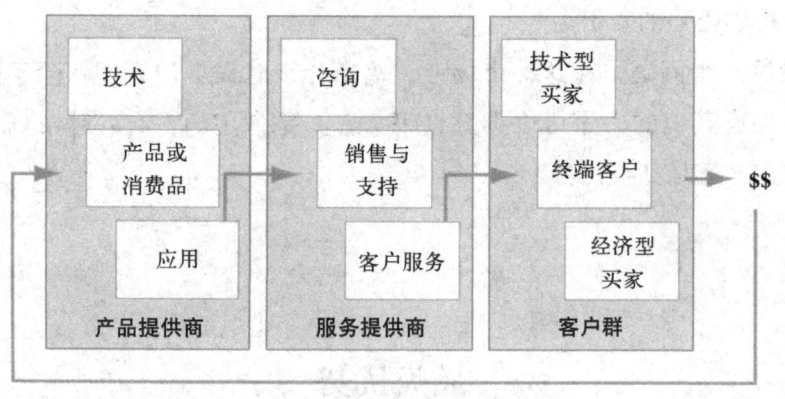

产业力=对价值链的控制力

图 4-2　产业自行组织为价值链

回溯价值链，我们可以发现产品提供商和服务提供商创造了整个产品。在图 4-2 中，从左到右，不同的技术被整合进某一产品（顺流至消费品）中，这些产品又被集成，生成可以创造商业价值的某项应用。通过咨询、销售与技术支持团队，以及后续的客户服务团队的努力，应用被引入客户公司。只有价值链上的各种元素被成功地整合，并获得了终端客户的认可之后，价值才会传递，进而产生正的经济回报，反过来又刺激客户对此解决方案追加投资，形成了价值周转的良性循环——这也是一个市场存在的必要条件。

在大多数价值链中，能量的从左向右传递依赖于技术在其生命周期中的位置，并且任何一家公司都不能对其他公司产生绝对的控制力。这涉及了技术采用生命周期的管理，是我们在第 4 部分要讨论的内容。但是行业里会不时地出现"有破坏力的强者"，法院会不可避免地问讯这种力量，但在此时，司法权力常被滥用。无论如何，随着市场的发展，一些具有定义市场能力的公司会自然而然地出现。相对于其他行业，这种情况在高科技领域发生得既迅速又激烈，因此对反垄断有很高的要求。但是，到目前为止这类优势大部分都是合法的，对那些寻求 GAP 和 CAP 目标的投资者而言，保持着很强的吸引力。

最后一个问题，在这种市场上，垄断什么时候会出现呢？除了法规的干预，还有其他的力量可以推翻它吗？答案是肯定的，有一种市场力可以胜过它，这就是品类优势。

品类优势

如果一种产品对消费者有足够的吸引力，可以"形成一个市场"，构建一条价值链，则市场就可以自行组织成不同的品类。从这一点来看，消费者和厂商都有冲动认真考虑这种机会，对下一期的需求和供给，双方都会不约而同地达成共识。这种共识，使得不同的供应商在价值链的特定位置上展开竞争。同时，在较高的层次上，供应商也会争夺价值链上的优势角色。如果一家公司不但是价值链上的优势角色，而且是必不可少的角色，那么它就可以迅速扩大自己的竞争优势。这就是品类力量的本质。

形象地说，品类力量就是一家公司在技术的生命线上"冲浪"，使品类从暗淡走向辉煌的能力。在巨浪上的企业继承了新品类的 GAP 和 CAP，源源不断地将投资者向该品类的投入转变成生产动力。在品类的技术采用生命周期中，当到达高增长区间时，GAP 和 CAP 都会在短期内获得强势的增长。这也会给股价带来良好的表现，那些身带光环的管理层，能力上并不比前辈强，但他们把握住了最好的节奏和机遇。

在高速增长阶段，颠覆性的技术变革是最激烈的，新品类的形成也带来了克莱顿·克里斯坦森所言的"创新者的窘境"，这是一种僵化，品类领导者面对一个新的品类时，总会选择自我防护，在本书的后续部分我们将会对此展开进一步讨论，但现在我们只考虑这种心态对股东价值产生的影响。

把你自己想象成这些领头羊公司管理层的一员，你也会发现新品类正在形成，你已经感觉到它带来的威胁。为什么不将投资扩展到这一领域呢？

简单地说，这种投资会损害老股东的利益。他们希望看到投资获得最大的收益，发挥巩固公司当前地位的作用，增大 GAP 和延长 CAP。而对新兴品类进行投资，他们既看不到短期的收益，又有可能动摇现有的地位。所以，带着这些疑虑，随着新品类的不断被看好，旧品类在加速消亡，相应地，你固有的 GAP 和 CAP 也在加速消亡，但是你还沉浸于过去的思维中，结果你的风险贴现就不可避免地扩大了。

现在，有些投资者可能会考察投资机会的两面性，即使是这样，他们也会将资金投入到不同的公司。很少有投资者会关注那些在新、旧品类两条道路上徘徊的公司，他们更希望你专注于原来的路经，或许新的突破并不能颠覆现有的品类，而执着于固有业务的公司会因此受益。这就是所谓的"创新者的窘境"，经常被认为是由管理的失败或想象力的匮乏引起的，实际上也是股东价值管理的一种形式。

对稳定的企业来说，它们也有自己可以享用的蛋糕，证明这一点，就是本书的目的。

小　结

一旦高增长的巨浪形成，并催生新品类，品类能量对估值的威力就显现出来了。接着是产业能量、客户能量，最后是产品能量，这是竞争优势层级的基本逻辑。

可以把这个逻辑描述为如下的一般原则：

（1）如果你赶上了品类形成的巨浪，你一定要跟上，因为这是提高公司估值的最快途径，并可以使你远离被边缘化的命运。

（2）在品类成熟期，产业力量是竞争优势最重要的形式，应该尽你所能去掌握它。

（3）在这个过程中，如果产业优势已经由其他的公司掌握，那么你的精力应聚集在构建客户优势上，在利基市场的边际上筑造坚实的壁垒，以抵御强大的竞争对手。

（4）如果你已经在现有市场上取得了优势地位，在出现新的颠覆性创新时，你应该尽可能地压制这种创新，这也是维持股东价值的最佳选择。

（5）如果不能压制颠覆性创新，你就必须接受投资者的批评，无论今后选择哪条路经。

（6）尽管存在以上各种模式，但是你要清楚，客户最终要买的是产品。所以你要维持对供给优势的投资，但不能仅仅依靠这个。

以上我们列出了在什么时候应该追寻哪一种竞争优势，并且说明了为什么要这么做，但是没有说明如何取得这些优势。对此，我们将在下一章中进行讨论。现在我们转入第5章。

第 5 章

四个估值准则

竞争优势层级提供了竞争优势图中的四个列坐标，这个模型的行坐标将由四个估值准则承担。这可能会对股票分析师的估值模型造成一定的冲击，因为人们普遍认为估值只有三个准则，但是我希望我的见解可以得到包容，毕竟我的模型没有恶意也没有坏处。我认为在进行估值时，第四个准则应获得同等的对待。

众多估值准则背后的策略思想，是公司可以通过调节投资比重实施差异化策略，通过差异化策略创造竞争优势。以比萨饼行业为例，多米诺比萨店加强对运送能力的投资，给客户带来"最快送到你家门口"的消费体验，这使得多米诺和其他公司有了区别。相比之下，小希萨比萨店加强对成本管理的投资，降低了比萨饼的价格，它的广告是，"两个只要 9.99 美元"。这两家公司没有在比萨饼的质量上——也就是估值准则中所谓的产品领导力上——展开竞争，多米诺加强了客户亲和力，而小希萨则在优化运作上做足了文章。"圆桌"比萨在它的广告中，试图标明自己的产品领导地位（"最后一块实诚的比萨饼"，强调了比萨饼的新鲜），营销时针对特定的消费者。有特色的比萨店还有弗兰柯、约翰尼、路基土等，至少在硅谷是这样的。

优化运作、客户亲和力和产品领导力，在任何情况下都是估值的三个基本衡量准则。当"大块 E 奶酪"这类公司出现时，我们却需要用到第四个估值准则。"大块 E 奶酪"是一家比萨餐厅，电子娱乐使它声名远播。与一般的比萨店相比，它的就餐环境与众不同。我们将它的这种策略称为颠覆性创新，它将这个品类外的一些元素加入到该品类中，对传统的价值链造成了巨大的冲击，这样做也使得"大块 E 奶酪"斩获了行业价值链上的大量收益。

最后一个准则对于理解技术对现有市场的冲击很关键。当看到互联网销售、数字照片或网络电话这些行业取得的成就后，我们就会知道，尽管一家公司与市场上的其他公司相比，在优化运作、客户亲和力和产品领导力方面都乏善可陈，但用不了多少时间，它就会腾飞。那么，怎么解释这类公司在取得投资和激起消费者热情方面的能力呢？到底是怎么回事呢？事实上，大多数成熟公司的管理者都会举起双手，抱怨这个非理性的世界，或者说，他们被市场低估了。这就形成了滋生克里斯坦森所言的"创新者的窘境"的土壤，对需要正面回应的事件，怎么能这样对待呢？

如果理解了把颠覆性创新作为第四个估值准则的缘由，就可以将视野扩展到这一领域，在竞争中也能做出有效的回应。然而，这种策略却有很多弱点，就像我们将在第 4 部分论述的那样，这是一种多重裂痕，现有的大企业可能会打断这条正在成形的新价值链，或者——好点儿的情况，利用它为自己服务。同时，这种颠覆性创新也可能出现在大企业内部，例如，强大的激光打印机就是从惠普的喷墨打印机中脱颖而出的。这种挑战无论如何都是强有力的，在第 5 部分中，我们再对此详细论述。

现在，让我们更加深入地考察在技术支撑的市场上，每一种策略到底扮演什么样的角色。

优化运作

优化运作是指通过对执行过程的管理，提升生产力，降低价格，以寻求与同品类中其他企业的不同。如果产品是日常消费品，那么这会使公司成功地获得产品领导力，如果优化的是辅助性的业务，而非核心业务，那么将增强公司的客户亲和力。外部采购策略是优化运作的基本元素，多产品组合也是一条可行的途径，就像大超市做的那样。

优化运作的关键在于对过程的关注。通过使用价值链重构等手段，管理层可以精准地定位客户最需要的产品的属性，并且可以将现行生产中无益于这些属性的部件剥离，也就是将那些不能明显增加价值的部件剥离。在这个过程中，管理层通过对资源以及资金使用的深入考察，尽可能地降低费用和成本。优化供应链的出货管理及进货管理都是为了提高存货资金的使用率。

首先要有节奏感，其次才是提升速度。有了很好的节奏，周转时间便可以从整体上提升到最优水平。这里最重要的衡量标准是，产品质量能否一贯地保证，而不会在运作中产生波动。

对于重复性的业务，可以用统计方法对产品质量进行客观的评估，这时，过程管理可以取得最好的效果。除了产品生产，服务业也可以进行过程管理，例如保险理赔、银行柜台交易、主题公园的人流量控制，以及政府部门的登记服务等。然而对用户定制的工程，过程管理存在很大的挑战，因为在这种情况下，对质量的衡量掺杂着太多的主观因素。无论如何，优化运作或者其他的估值准则，假如超出了适用的范围，都会有意外的情况发生。

成功的优化运作的衡量标准是失误的减少，而非工程命中率的提高。所以这只能用于处理与客户相关联的辅助性工作，不能用于提高核心竞争力。久负盛名的六西格玛管理认为，过失是生产过程中的一小部分，零过失容忍度要求对运营过程进行必要的精致的细化，使得产出达到六西格玛的标准。

数据分析是优化运作固有的特征，通过分析可以确定产品属性与过程变量之间的联系，帮助管理层定位和重组那些有瑕疵的资源。通过这种努力，我们可以理解需要提高和改进的是整个公司系统，而不仅仅是个别的业务或个人。个人英雄主义是需要但不受欢迎的，因为这会掩饰组织背后的缺点，使得公司不能达到六西格玛的标准。

优化运作是一种关于控制的估值准则，它常常用在诸如财务、生产、后勤保障、数据中心等存在大量重复性工作的企业部门。当某项业务从原来的位置上变化成为公司最重要的核心业务时，就需要其他先前没有用估值准则来衡量的相关元素也通过优化运作来重新定义。

这意味着什么呢？对研发的优化运作管理，就是要通过一系列的阶段评估，减少不必要的口舌之争和重复工作，进而改善研发流程。或者在某些情况下，一些核心的业务应该外包给其他公司做，这是研发部门不能接受的事情。对销售的优化运作管理，就是要通过自动销售软件和系统的渠道管理来强化过程的控制与优化。因为一般公司的销售很依赖个人，缺乏可预计性，如果这种优化运作取得成功，那么将创造很强的差异化。

总而言之，优化运作的目标是尽可能地减少可变因素，以获得最高的可预计度，同时，对于这些目标，优化运作是一种最突出的策略。

客户亲和力

很多公司把客户亲和力作为寻求品类差异化的首要策略，通过极力满足客户的需求，以及产品价值的期许，它们理所应当地获取了产品溢价收入。对于商业客户，如果你的产品是核心的，就意味着通过定制产品，全程负责解决客户遇到的问题，销售和服务方面的专家咨询大多都属于这种情况。如果你的产品是辅助性的，实际上是将那只"猴子"从客户背上踢开，使客户不再受其困扰，你的产品也因此获得溢价收入。对于终端客户，情况也是类似的。如果你的产品是核心的——也就是说，产品与消费者的个人身份相关，那么个人服务和定制业务是关键的。如果你的产品是辅助性的，则可以帮助消费者缩短购买决策的时间。

客户亲和力策略最关注的是产品和购买过程中的客户体验，包括售前和售后服务等。这种策略的一个基本假定是，产品的所有属性并不是显而易见的，要记住，客户想买的是真正实用的产品。当产品与日常生活相关时，客户亲和力将起到显著的成效，这时产品领导力影响也会大大减弱，因为消费者有分散的资金来购买产品，所以单靠优化运作来降低价格已经行不通了。在所有情况下，对客户、客户的期望以及价值观的理解是至关重要的，同时也应该具备满足客户相关需求的能力。

客户亲和力策略要求关注反应时间，即从了解客户需求到提供相应的产品所需要的时间。如果产品是辅助性的，客户所能容忍的时间就短，这就是贩售在互联网销售高速发展的同时正在慢慢消亡的原因。如果产品是核心的，客户就希望花更多的时间以便细致地考察，当然他们的要求也是非常高的。要在大范围内满足这些需求，公司必须采用规模定制策略，使得公司在定制刚刚确定时，便可以迅速做出规划。这属于优化运作的范畴，但关注的是溢价收入而非降低成本。

当产品的购买者和使用者是同一主体时——大多数的消费品购买都是这样，客户亲和力的作用会得到最好的体现。相比之下，技术产品在直接销售之前则需要做两个方面的努力。第一，要关注技术本身；第二，要看通过这项技术传统的工作流程会发生什么样的改变。如果这两方面不能同时做到，将会对产品的销售带来挑战。另一个挑战在于，行业技术专家是稀缺的，更稀缺的是把握客户需求的能力，这两种资源的稀缺性致使公司的多样化发展受到很大的限制。所以客户亲和力策略更适用于利基市场，因为利基市场的规模和结构都能满足该策略的特点。

与优化运作相比，客户亲和力不是由失误率而是由命中率以及每次命中的"深度"来衡量的。命中意味着在客户的头脑里建立了某种依赖关系，使得客户不但愿意支付产品溢价，而且即使出现更好的产品，他们也会对你的产品保持忠诚。这种关系是无形的，产品属性的数据分析不会对它产生影响，产品信息的传递最好通过语音邮件或视频短片等形式进行。相比于优化运作，客户亲和力需要一定程度的"个人英雄主义"为客户提供服务。

在合作的背景下，客户的困难和需求，需要公司间协调共同解决，这时客户亲和力策略将发挥重要的作用。从商业计划的设定到其实施，都与公司间的合作息息相关。市场营销、售后服务是合作最频繁的环节。当市场逐渐成熟，客户亲和力策略也逐渐延伸到产品的研发和生产过程中时，产品的包装被赋予更多的重要性。当客户亲和力策略扩展到后勤或财务的运作环节时，则要重视流程，使得有效的工作流程不至于被产品的包装等环节干扰。对那些想要将客户支持转移到网络上的公司，如何避免核心效率的损失，是一定要解决好的问题。

优化运作的目标是优化生产过程，客户亲和力策略的目标是提升客户的产品体验。而产品领导力策略的目标则是提升产品本身的竞争力，下面我们将对其展开讨论。

产品领导力

产品领导力策略要求：通过优化产品的设计和生产，提高产品的性能，寻求与同品类其他公司的差异，进而获得产品溢价收入。在关键性的业务中，无论是核心的还是辅助性的，这种策略都非常有效，因为在这之中产品的性能特征是极其重要的。对产品性能的强调，使得产品领导力策略与降低成本的优化运作策略，以及提升用户体验的客户亲和力策略区别开来。如果产品与关键性业务无关，相对于高昂的研发费用，采用这种策略会得不偿失。

产品领导力关注产品的质量，而质量是由产品本身的性能属性衡量的。对于科技含量高的产品，其性能属性主要在研发的过程中形成，衡量的标准往往是更好、更快和更便宜。更好，通常意味着更小、更轻便和待机时间更长，这方面的竞争常见于手机、笔记本电脑以及数码相机领域。

因为产品领导力本身就伴随着比较和竞争，所以产品发布的时间——特别是与同类产品的竞争中——是至关重要的。在这类市场上，首先推出下一代产品的公司将获得该类产品的绝大部分收益。后来推出该产品的公司只能通过价格竞争，这使得整个市场的收益率降低，但是先入者已将先前几个月的超额收益收入囊中。伴随着产品生命周期的轮回，这一代产品的盈利压力越来越大，对于明显落后的公司，最好的策略往往是直接跳入再下一代产品的开发。

如果买家是能够理解产品属性的工程师，产品领导力策略将取得最大的成功。随着系统的升级，技术上领先的产品会逐渐失去原来的优势，那些拥有客户亲和力的公司会在一定程度上克服这些不利影响。然而，随着越来越多的产品能够达到性能属性，新技术变得不再稀缺，这时，产品领导力策略要么转向下一代产品的开发，要么通过优化运作降低成本。

能够进行客观比较的产品属性，也就是工程师们在产品说明书上列举的"速度和兼容性"数据，是产品领导力策略成功的基础。产品上市的第一次竞争就是围绕这些数据展开的，第二阶段的竞争则是针对如何让消费者将这些数据转化为实实在在的使用价值，从而切实获得产品溢价收入。但是要知道，如果超出了市场可以接纳的范围，产品领导力策略也会走入迷途。

如果产品是关乎其他公司或个人的核心业务的，产品领导力策略将起到最好的作用。在设计和工程领域，这种情况比较常见。在销售领域，如果销售的任务是打击竞争对手而非为客户服务，这种情况也常出现。在某项技术的高速发展阶段，拥有最好的产品是竞争对手最有力的选择。

总而言之，优化运作和客户亲和力策略关注的是产品的生产与客户关系，而产品领导力策略的目标则是对产品的价值进行重估，然后传送给客户。

颠覆性创新

尽管以上三个估值准则在当前的市场行为中各有千秋，但它们是互相包容、互相促进的，而颠覆性创新则是以一种革命性的方式进行的。俗话说，最好的方式就是全然不同的方式，这常意味着要"跳出盒子"进行思考。非连续的技术进步，如数码照片技术、细胞技术或微处理器技术等，一旦取得进步其他公司将会很难在短期内跟上，这时，颠覆性创新策略非常有效。但是颠覆性创新策略并不局限于此，联邦快递和查尔斯·施瓦布（Charles Schwab）也因此取得了大的成功，我们将在下一章详细讨论。

颠覆性创新就是要展开想象，创造出没有先例的产品。这需要招揽具有创造力的人才组成团队，吸纳风险资本，寻找潜在客户，最后当然也是最重要的就是将颠覆性创新转化为生产力——一方面需要资本的持续支持，另一方面则需要公司努力构建新的价值链。每一个步骤，都需要愿景来吸引人才和资金。

与其他的估值准则相比，时间是颠覆性创新策略中非常重要的因素。首先是新技术能够走向市场的时间，当然是越快越好。其次是构建新的价值链所需要的时间。新技术的发展需要一个完整的价值链来成就一个完整的产品。颠覆性的技术创新不仅仅是要生产出产品，还要影响整个市场结构，创造出完整的全新的解决方案。在这个转换过程中，新技术是非常脆弱的，市场上那些原来的占据者正对它虎视眈眈。

当颠覆性技术有可能给某个行业的公司带来如安迪·格鲁夫（Andy Grove）所说 X 倍的竞争优势时，颠覆性创新策略将获得巨大的成功。看到这种希望，特别是那些已经落后的公司的执行官必然会抓紧，以谋求改变当前的处境。相反，对于那些已经在行业中处于领先地位的公司，新技术的推广却不那么吸引人，因为采用了新技术，公司的结构可能会发生改变，这是有风险的，只有那些有进取心的领导者才会接受这个挑战。

颠覆性创新策略成功的第一个标准是，至少有一个标志性的用户因该技术获得了 10X 倍的竞争优势。这会使得该品类注意到该项技术，因此也带来潜在的投资者、合伙人，以及竞争对手。第二个标准，是成功地建立起富有活力的利基市场，使得大多数客户都了解该技术以及其支撑的解决方案，形成销售渠道和稳固的商业流，进而构建完整的价值链。在第二个标准中，首先掌握颠覆性技术的公司应该谋求将自己的解决方案标准化，将自己变成能够控制市场的公司，按照自己的要求构筑价值链，进而剥夺价值链上其他公司的收益。

颠覆性创新往往在核心业务处于变革阶段时出现。通常是一些有风险投资背景的公司，一群有着相同目标的员工和投资者，为巨额收益承担着高风险的研发活动。因为创新需要科学上的支持，技术团队通常都有大学背景，他们需要商业运作的支持。另外，创新根植于对效率不高的商业流程的改进，客户领域的专家对此了如指掌，但他们需要技术上的支持。在以上两种情形下，风险投资公司不但要在成形的公司中寻找合适的目标，还要把目光投向那些有潜力的小团队，帮助他们逐步完善，招募人才，直到实现技术突破。这对风险投资公司来说是一种挑战，也是所有的风险投资不能都成功的重要原因。

颠覆性创新策略的总体目标是创造一种新的竞争优势资源，它的主要收益是市场价值的快速增加。相对于品类优势，该策略的作用更加突出。品类中第一个使用新技术的公司不仅可以保证自己的而且还可以坐享品类的 GAP 和 CAP，至少在其他公司赶上来之前是这样。近些年，投资者非常看重这类公司的未来收益，对其赋予很少的风险贴现，但是当这个品类最终并未形成，当然公司也就无领导地位可言时，风险投资的钱就打了水漂。这就是风险投资的基本逻辑，在过去的 30 多年里，高科技行业都是这样的。

小　结

表 5-1 汇总了上述四个估值准则的主要区别。

表　5-1

	优化运作	客户亲和力	产品领导力	颠覆性创新
关注点	运营效率	客户体验	产品质量	绝对领先的产品差异性
时间选择	内部的节奏	配合客户反馈	面对竞争的反应	采用新技术的时机
衡量规则	失误的减少	命中率的提高	产品规格	10X 倍的竞争优势
相应的文化	控制文化	合作文化	竞争文化	培育文化
领导力的来源	运营、财务	市场、客户支持	销售、工程	研发

这四个估值准则应该是所有公司都能接受的最小的市场法则集合，其中每一条都可以作为公司实施差异化策略的手段。选用哪一个准则由很多

因素决定，但最关键的是当时所处的技术采用生命周期，以及公司本身的核心能力。

在下一章中，我们将四个估值准则与上一章论述的四种竞争优势结合起来，尽管这并不能代表所有的情形，但作为模型，已经足够了。这可以帮助管理者考察过去，面向未来，与竞争对手展开博弈。带着这个认识，让我们开始下一章吧。

第6章

竞争优势图

竞争优势图的目的在于说明可供管理团队选择的目标。在理想的情况下，每个企业都可以从这个图中找到一种可以大幅提高股东价值的策略。图中每个区域都对应着一个风险回报率，但是，对某家公司而言，并不是所有区域都能进入。有些时候，富有吸引力的区域可能已经被竞争对手占据，你必须决定是要在这个区域中展开竞争，还是转向其他区域。策略发展需要符合市场现实，图中也包含了衡量准则，可以判断策略的优劣得失。

策略优势图由四种策略优势和四个创造差异性的估值准则交汇而成（见图6-1）。读者可以从图6-1中看到有七个区域是灰色的，表明在这些情况下策略是不稳固的。也就是说，如果创造了一个品类，那么将转入其他3×3的白色表格。类似地，如果颠覆性创新取得成功，也将进入剩下的白色表格，在那里需要实施优化运作、客户亲和力或产品领导力策略。从灰色进入白色的地方，都会打破现存的价值链。所以在构建自己的竞争优势时，所有的公司——无论是突破者还是守成者，都需要对此多加小心。

让我们重新看看这张图，每一个区域都有各自的名称和一组代表性的公司。这样做并不是排除其他合适的名称或公司，只是想说明某个策略在特定的区域内是可持续的。这16个区域彼此各有区别，所以策略围绕着某个特定的区域展开。

在本章的末尾，我们将讨论如何利用某个区域制订策略计划，但是现在我们要从细节上研究每个区域。

	供给优势	客户优势	产业优势	品类优势
优化运作	**节约者** BIC、Motel 6、Costco	**满足者** 金考、宜家、西南航空公司	**支配者** 沃尔玛、戴尔、Visa、埃克森	**再造者** 麦当劳、联邦快递、捷飞络、嘉信理财、塞雷拉基因组
客户亲和力	**使人欢欣者** 诺德斯特龙、耐克、Crystal Geyser、Hold Everything	**参与者** 麦肯锡、Martha-Stewart、Saturn、星巴克	**市场创造者** 美林证券、纽约扬基、迪士尼、IBM	**利基市场发掘者** 美国退休者联盟、MTV、硅谷银行、欢乐公司
产品领导力	**让人安心者** 金霸王、索尼、透明、泰特利斯、安捷伦	**优秀者** REI、Adobe、法拉利、劳森软件、Retek	**排外者** 思科、微软、梅赛德斯、诺基亚	**创新者** Palm Computing、苹果公司、Sharper Image、戴姆勒－克莱斯勒
颠覆性创新	**快速进入者** Priceline、E*Trade、网景、Napster	**巫师** 家庭购物网、TiVo、Pleasant Company	**突破者** 亚马逊、时代华纳、高通、安然	**魔术师** eBay、雅虎、Nintendo、宝丽来

图 6-1　竞争优势图

优化运作策略

本模型中的第一行列举了采用过程创新来创造竞争优势的策略。

节约者：低成本商品的提供者

利用优化运作策略取得供给优势的公司包括：生产钢笔和打火机的BIC，它的广告语是"虽然没有舒服的枕头，但我们的灯一直为你点亮"；Motel 6；零售商Costco。一般你在超市或个人电脑商店里看到的品牌，大多属于这一类。

这里的策略是降低价格，同时保证足够多的收益回馈投资者。也就是要在保证产品完整性的前提下，将产品所需的资源减到最低。对废料的浪费应该克服，所以遵循工艺流程设计和相应的规则是必须的。

对于投资者来说，这是个好消息，因为它可以减少风险贴现。由于该策略的目标指向大型市场，价格总是竞争的焦点。当然，该策略也会使公司招致竞争对手的围攻，因此要挣大钱也非易事。

所以，大多数公司并不愿意进入这一区域。但是，有讽刺意味的是它们最终还是进来了，因为竞争对手的步步紧逼已经让它们别无选择。企业的管理者可能会在他们的职业生涯中不止一次地遭遇这种局面。

满足者：节省时间和金钱

利用优化运作策略来创造客户优势的公司包括为个体工作者提供"办公室"的金考、组装家具提供商宜家，还有为旅客提供快速便利登机服务的西南航空公司。ATM机、网站多属于这一种类。

在这个区域内，优化运作就是用专业知识为客户提供更好的消费体验，不是要降低，而是要提高成本。公司将设立众多层级和店面，为的就是方便客户。该策略经常是以为客户提供自助服务的形式出现。

该策略让投资者满意的是它可以保证客户忠诚度，因此不需要增加支出就可以获得较好的收益。不利的一面，是这种策略很容易被竞争对手模仿，随着时间的推移，过去可以实现差异化的手段，现在已经是市场上普通的标准了，所以需要新一轮的产业变革。

支配者：规模问题

利用优化运作策略获取产业优势的公司包括沃尔玛、戴尔、Visa 和埃克森。这些公司的巨额收益不仅源于对自己业务的优化，而且源于对供应商利润的压缩。

支配者策略的关键点在于，为公司所处的价值链的其他环节制定规则，并因此获得稳固的竞争优势。这些优势的核心在于控制了经济生态的稀缺资源，如埃克森对自然资源的控制，但一般说来都是对客户的控制。通过这种控制，市场的支配者可以重新建构价值链，以获取最佳的产出，消除流程和市场中低效率的因素，对供应商施加有力的影响，最终向客户传递最大的价值。无论是公司本身还是投资者，都将获得可观的收益。在这个过程中，公司交不到朋友，但是，这是赚钱的最佳途径。

该策略可以提供持续稳定的收益，使得投资者对此青睐有加。同时，竞争对手则会门庭冷落，所以公司将获得越来越多的客户。但是，这里最大的挑战是，公司必须持续地扩张，在新的领域必然会受到竞争对手的狙击，并且因为新扩张的领域与公司的核心竞争优势息息相关，所以一切必须靠自己开发，而不能通过并购完成。最终，扩张的惯性或许会带来危机，因此需要结构和策略上的调整。

再造者：一种更好的方式

利用优化运作策略获取品类优势的公司包括快餐业的麦当劳、快递行业的联邦快递、汽车服务行业的捷飞络，以及集成行业的塞雷拉基因组。

以上提到的每一家公司，都是因为原来市场的低效率而需要重新整合——不仅需要降低成本，而且需要全新的产品。它们都带有一定的传奇色彩，创造新品类的机会摆在每个人面前，只有那些有想象力的人才能抓住。

投资者青睐再造者的原因在于，他们可以通过高度差异化占领大型市场，获得超额利润，而竞争对手对此束手无策。（如今麦当劳的产品没有任何差异化可言了，但在当时，快餐是一种全新的餐饮模式，尤其对青少年和带孩子的父母，很有吸引力。）随着品类的逐渐成形，公司必须转入白色区域，否则将有被取代的危险，例如 UPS 对联邦快递造成了威胁。

客户亲和力策略

在客户亲和力这一行，本模型将改善客户关系作为获取竞争优势的关键因素。

使人欢欣者：我们做到了

利用客户亲和力策略获取供给优势的公司包括诺德斯特龙、耐克、Crystal Geyser 和 Hold Everything。除此之外，还包括那些能记住我们的名字和通过额外的努力让我们生活得更轻松的商家。

大型公司的这种努力开始于对目标市场上消费者经验的分析，例如诺德斯特龙对交易过程的分析，耐克对产品使用的分析，Crystal Geyser 对消费选择的分析，还有 Hold Everything 对消费决策的分析。

该策略吸引投资者的地方在于，它创造的价值不是成本的函数，这是同品类的其他公司难以模仿的。只有少数的公司能做到这一点，一旦做到，特别是建立了稳固的品牌，它们将创造最大化的价值。

参与者：欢迎来到俱乐部

利用客户亲和力策略创造客户优势的公司包括麦肯锡、Martha Stewart、星巴克以及 Saturn。另外还包括一些机构，例如 Ivy League、私人银行、Mayo Clinic 和一些俱乐部。

该策略的本质在于与客户建立紧密的联系，以排除其他竞争者，并以此作为创造价值的基础。除了在宏观经济方面，麦肯锡、Martha Stewart 和星巴克的确没有什么竞争，客户把它们作为唯一的选择，而不管它们提供什么样的产品或服务。客户欢迎它们提供任何建议。它们实际上为自己的行业设定了一个坐标，客户如果要享受这个行业的服务或产品，就必须从它们那儿开始。这相当于在公司与客户之间建立一种排外的关系。在这方面，Saturn 公司值得一提。在 20 世纪 90 年代中期，它取得了这方面的成效，但遗憾的是，由于各种原因，并没有维持下去，现在它已经退步成一个节约者了。

这类公司最吸引投资者的地方在于，它们可以获得最大的资产收益率。但是，如同摇滚歌手和时尚明星一样，这类公司也会过气，过去的传奇，今天可能光彩不在；过去耀眼的品牌，今天可能已经沦为打折货。所以即使是最显赫的公司，也应该保持创新。

市场创造者：关系的重要性

利用客户亲和力策略创造产业优势的公司包括美林证券、纽约扬基、迪士尼和 IBM，而且通常情况下，任何想要在产业中开辟市场的公司都要建立良好的客户关系。

该战略的核心就在于利用客户关系赢得价值链中剩余部分的利润，事实上，公司就如同守门人，若想进门参加派对，必须留下"买路钱"。所以，关系是这里的重中之重。美林证券和 IBM 是可信赖顾问关系的代表，这是它们数十年来严格按照标准运行所获得的。迪士尼和纽约扬基是品牌关系的表率，它们注重个人或大众心理，也是通过数十年的规范经营才使品牌深入人心。一旦与客户建立了联系，接下来的关键就是要利用与客户的关系，制定剩余价值链，确定交易喜好，逐一打败竞争对手，确立各项交易以锁定将来的收益——这一系列的操作都非常讲究艺术，正是以上公司所擅长的。

投资者喜欢任何形式的产业力量，而他们尤其喜爱市场创造者的原因在于，市场创造者深深植根于市场结构中，他们拥有竞争者无以匹敌的置入优势。投资者只是担心这些公司过于乐观，而把与客户的关系视为理所当然，最终侵蚀其原有稳固的市场地位。

利基市场发掘者：特殊需要

利用客户亲和力策略创造品类优势的公司有美国退休者联盟、MTV以及硅谷银行。他们都集中注意力于边缘客户群的特殊需要，开辟了新品类，并且因此赢得客户始终如一的忠诚信赖，为其他公司构筑了难以跨越的竞争防线。

这里的主要思路，是在不同社会环境下会形成大量的小群体，而每个小群体又有其特殊需要。那么，致力于以极其不同的方式满足不同群体需要的公司与客户之间就形成了不可替代的信赖关系，这就形成了利基市场，公司可以通过进一步满足越来越多的需要来扩展业务。

投资者钟爱这一策略的原因在于可获得永久的高额利润，因为其客户对卖家是极其忠诚的，他们总是以更深的忠诚回报卖家。投资者钟爱的另一原因是这些市场看似"一马平川"，市场开发成本很低，并且几乎不存在开发风险。他们需要考虑的是有关绝对规模的限制，他们显然可以占据多个利基市场，但是许多原本以这项策略取胜的公司，由于过度扩张而导致品牌稀释，丧失高额利润，最终一败涂地。

产品领导力策略

产品领导力这一行中的所有策略都掀起一次业绩改革，它们的产品都创造了优良业绩。

让人安心者：买得放心

利用产品领导力策略创造供给优势的公司包括金霸王、索尼、途明、泰特利斯以及安捷伦。这些公司都设计制造了一个或多个处于产业前列的产品，它们已经在各自的领域中造就了消费者信得过的品牌。

这一策略的核心是当本品类产品进入首次高速增长阶段时，就大力投资研发部门，力争创造出最好的产品。紧紧抓住第一次发展浪潮，并取得占优的竞争位置，是赢得客户"正确之选"心理的关键。进一步讲，这些品牌在具有较长生命力的品类中是最成功的，因为这无疑延长了持续盈利的时间。例如，惠普的 ink-jet 打印机比摩托罗拉的手机的发展状况好得多，因为前者所处品类仍旧兴旺之时，后者所处的品类已经进入由无线技术带来的从模拟信号到数字传输的颠覆性技术改革阶段。

投资者会为这些市场的规模，以及它们给予产品或消耗品的报偿所动容。他们也会被品类领导者的 CAP 所吸引，这些品牌可以继续创造高额利润，而用于研发部门的投资却相应减少。只是这些利润通常会被用于下一次商机的冒险性研发，但是不一定能研发成功。

优秀者：最好的

利用产品领导力策略创造客户优势的公司有 Recreation Equipment Incorporated（REI）、Adobe、法拉利、劳森软件和 Retek。REI 为攀登珠穆朗玛峰的团队提供登山器具；Adobe 为专业作图人员制作绘图软件；法拉利则以制造专业赛车闻名。它们在其领衔领域的投资，为公司赢得具有相应需求的大批客户，从而占据市场的主导地位。而劳森软件和Retek按其总营业额计算，虽只是二级企业软件供应商，但它们通过分别致力于特殊的利基市场——健康护理和零售行业——充分满足目标市场的需要，最终成为小市场的主宰者。

这一策略的关键在于致力于一个市场，只有卖主获得市场主导份额时才能获利，也才能应对之后的挑战。大型公司则难以专注于一个市场，因此不适合采用这一策略，以大型公司的广泛投资组合优势，更应该将资本注入其他领域以获得回报。不过对于二级公司，或愿意占有较小市场的公司来说，这是一种利于持续发展的强有力的策略。

投资者当然愿意为具有可持续市场领导地位的公司投入资金，这是一家公司以较低风险赚取较高股市价格的基本保证。然而，投资者担心的是增长空间太小，他们并不担心获利缓慢或不稳定，却担心有限的市场阻碍公司扩展，并影响利润增长，这也是各个利基市场的竞争者担心的。

排外者：猩猩和王者

利用产品领导力策略创造产业优势的公司包括思科、微软、太阳和诺基亚，还有Digital Equipment Corporation、康柏、通用汽车和美国钢铁公司。

利用这一策略，首先要占有高速发展的市场，不但要驾驭产品生命周期，还要掌控技术的生命周期，以及在大市场中占领多数份额的领导地位。这已足够让你成为市场竞争中的王者，而上面列举的Digital Equipment Corporation等公司就不是市场中的王者。尽管看似在进化链中倒退了一步，但对它们而言，成为市场中的"猩猩"更有利。"猩猩"的独到之处在于它们拥有具有高额转换成本的专利技术，市场对这一技术的需求很大，其他公司又无力提供。上述举例中，微软是最具"猩猩"特质的。它们不仅可以在品类内获得成功，而且可以赢得整条价值链的胜利，在整条价值链中的所有人都是它们的获利对象。"猩猩"犹如客户亲和力策略中的市场创造者和优化运作策略中的支配者，除此之外，专有技术能为公司带来更长久的独立性。

投资者对"猩猩"类型的公司会钟爱如初，即使是在王者被淘汰之前他们也会对它们投资。投资者的转变，CEO被革职，这些足以迫使公司退出"独占"的行列，此时管理层应该尽快找到适合公司发展的模式和方向。不幸的是，处于这种局势的大多数团队一味眷恋过去的辉煌，试图重现过去，却没有意识到他们的产品已经没有市场了。

创新者：很酷！

利用产品领导力策略创造品类优势的公司包括 Palm Computing、Sharper Image、苹果、戴姆勒－克莱斯勒，以及大多数风险投资支持的公司、众多广告代理、开创新的乐曲风格的乐队，还有推崇原创、不做续集、不翻版的电影制作公司。这些公司都以开发新颖产品、产品线、变换设计而闻名，虽然次次铤而走险，但也因此成为同品类的领头羊。

该策略的关键在于改革设计，并有对市场的深度洞察力，或者极好的运气。其实，以上两点可以用产品品位来代替，这是所有这些公司的业务主管都具备的主动权。在经营管理方面，这些公司给予"富有创造力的"员工极大的设计自由，员工通常以"疯狂"著称，不只其竞争对手这样认为，就连同事和其家人也这样想。

传统投资者通常不看好这一品类，它们只会吸引较有冒险精神的投资者。商业发展惊心动魄，因此不适合缺少胆量的投资者尝试。传统类型的公司，无论是从经济状况还是文化氛围考虑，都不适合使用此策略。在某种程度上，这也是改革者陷入两难境地的根源所在，我们将在本书第5部分讨论这个问题。

颠覆性创新策略

图 6-1 的第四行，也就是最后一行，是关于颠覆性创新的，主要关注企业家精神，使之成为能动源泉。

快速进入者：取得市场

利用颠覆性创新策略创造了供给优势的公司有 Priceline、E*Trade、网景和 Napster。它们的产品刚刚投放市场就获得极其显著的成绩，在很短时间内就占据了广泛市场。不幸的是，将早期收获转化为可持续的利润丰厚的业务，对这些公司而言是极大的挑战。为了迅速获得市场份额，产品必须做到最好，而且客户迟早要被吸引到更有利润的业务中去。可惜的是，这又恰恰切断了自我创造的供给优势，结果当然是以牺牲大批客户为代价。

这一策略的关键在于要在全盛之际全身而退。因为没有永远的竞争优势，但问题是"退到哪里"。对某些公司而言，实行经济实惠的策略是一个选择，对另外一些公司来说，可以选择"巫师"策略，但不幸的是，有些公司的最好选择只能是关门大吉，并另寻机会东山再起。

投资者非常讨厌这一方格，因为这里只有 GAP，没有 CAP——换句话说，它只是金融时尚的代表。处于这一领域的公司的固有缺陷在于，它们要在产品和市场开发中冒很大风险，得到的却是不够丰厚的回报，以及并不持久的市场地位。

巫师：改变了我的生活

利用颠覆性创新策略创造了客户优势的公司包括家庭购物网、Intuit 及其旗下的 Quicken、提供电视录影产品及服务的 TiVo 和 Pleasant Company——这家公司推出了一系列不同历史时期的"美国女孩"玩偶、玩偶之家和相关图书，每本书都能在原有客户的基础上开辟出新市场。所有这些公司的客户都对公司产品有极高的忠诚度，也愿意继续购买公司推出的新产品。

该策略的关键所在是，把对社会心理的深刻洞察迅速转化为符合消费者需要的改革产品。Intuit 的创始人斯科特·库克（Scott Cook）的理念就是，财务软件不是跟其他软件服务竞争，而是取代纸和笔。家庭购物网的创立是因为发现有些人确实喜欢"宅居"。而 Pleasant Company 意识到了玩具是幻想世界的具体化，人们可以凭借一系列玩具让幻想成真。

投资者通常不知道怎样造就巫师，因为他们的竞争优势及其创造的价值并非来自品类功能本身，而是来自使公司在本品类中脱颖而出的商业头脑。当然，天长日久，品类中其他公司会追随巫师的创造并赶上他们，通常这会导致他们在品类中的地位不如当初显著，需要追加投资，这一切都限制了公司的多方位发展。但是，如果管理层能够把客户的好感转化为对品牌的忠诚，公司就会拥有可持续的竞争优势，以及健康的市场价值。

突破者：改变规则

利用颠覆性创新策略创造出产业优势的公司有亚马逊、时代华纳、高通和出现衰退之前的安然。

这里要求具有一种企业家精神，就是坚信自己的商业模式，即便周围对此一片责难。这也是杰夫·贝佐斯（Jeff Bezos）、史蒂夫·凯斯（Steve Case）和欧文·雅各布斯（Irwin Jacobs）等人拥有的共同品质。（安然的管理者同样具备这种品质，尽管后来由于管理层的尔虞我诈使得公司坚持的商业模式走向颠覆。）他们的共同点是采用颠覆性技术，使得之前看似不实际的业务变成现实，当然这一举措冒着消耗现有基金的风险。

投资者对这些公司既爱又恨，因为他们在创造了公司本身的 GAP 和 CAP 的同时，破坏了品类的 GAP 和 CAP 的稳定。新的市场秩序确定，这些公司在市场中的领导地位也逐渐稳定了，但在这时，这些公司也可能遇到挑战，因为长期巨额利息可能会通过相关保护性法律或同等效力的立法对它们造成压力。这正是本地运输公司在与既定市场领导者的征战中经历的。其导致的最坏后果是，连市场领导者也无力再投资于这几经磨难的产业。

魔术师：改变世界

利用颠覆性创新策略创造了品类优势的公司包括eBay、雅虎、Nintendo和宝丽来。它们都创立了全新的品类，包括围绕产品用户的一条完整的价值链。eBay和雅虎采用开放系统方式，帮助合作者建立市场，并利用这种建立市场的能力加强自身产业领导者的地位。相反，Nintendo和宝丽来采用封闭系统方式，并从系统中获利，但这最终会使它们在产业中的位置变得脆弱，直到被取代。

一般的投资者通常为魔术师所迷惑，因为魔术师创立的是新品类，致使他们找不到可供比较的估定价格的标准。而私人投资者，特别是风险投资者，则会为之狂喜。因为他们可以从魔术师类型的公司中最先（较其他公司早得多）获得股票的丰厚收益。

利用竞争优势图

现在让我们结束对竞争优势图的单一观察，而是统观竞争优势图，我们可以得到16种不同的公式：以估值准则为X，所创造的竞争优势类型为Y。问题是，怎样组合X和Y才能为团队得出最佳结果？或者换种说法，竞争优势图的主要用途就是为了帮助领导团队解决一个问题：怎样提升股票的价值呢？

当管理团队盯着图中的一个小方格，力图寻找这个问题的答案时，所有为小方格中代表的优势类型服务的因素都将成为核心考虑对象，其他一切因素则都是次要的辅助性因素。管理层首要考虑的事情因此变得异常明了：尽量多地关注在目标领域（目标方格）中公司欠缺的资源，如有需要，甚至要调动其他领域的资源，从而加强竞争优势，同时延长 CAP 和增大 GAP，最终提升股票价格。

然而在现实世界中，这样的分析却很难实行。管理团队通常看到自己的公司占据了网格图中的几个方格，而不知道真正处于哪个位置。因此，这里我们介绍一种简单易行的方法，就是先观察同品类中其他公司的状况，并考虑它们在图中的定位是否与自身公司的位置吻合。这就使得管理团队在一个相对简单、干扰较少的环境下纠正对表格以及自身定位的理解。

谈到团队，通常比较容易找出对应的列，再找出行。有关列，第一个问题是，我们是当今所处行业的绝对领导者吗？如果答案是否定的，那么我们是否期望在短期内获得产业领导者的地位？如果答案仍然是否定的，那么试问谁是行业领导者，他们又具备什么样的优势，是我们可以超越的吗？这里的关键是，如果赢得主导产业优势是可行的，那么它就应该成为重点策略，如果不是合理的预期，我们此时就应该排除掉这一列，去考虑其他列的可能性。

接下来的问题是，我们现在是否具备供给优势之外的优势？尤其对于客户优势而言，我们是否可以在某个利基市场中赢得大批的客户，从而在这个市场中占据绝对优势？如果不可以，我们能否找到一些合理的目标，通过适当的努力加以实现？如果能找到这样的目标，那么应当对此投入更多精力。同时，管理团队应该注意，是否有机会创造产业优势，也许机会就在即将到来的技术变革中？如果是这样，我们应该对此倍加关注。我们可以逐步清除某些图中列上的优势，看看是否存在不属于公司文化的一个或几个列"不属于我们"。如果有，标记下来，并从将来的发展目标中排除。

一旦清除了"不属于我们"的，就可以讨论"什么是属于我们"的了。

若公司由单一产品向多样化产品发展，应该使用单一方格策略解决问题。在发展更加成熟的公司里，同时拥有多个产品，就会更多应用"一个产品一个方格"的策略，即使在这样的公司，如果遇到技术更新的状况，也可能出现同时使用两个方格策略的情况，一个针对过去的产品，一个应用于将来的发展。然而同时拥有多个产品，占有多个方格策略的公司面临着重大挑战，因为它们只有一套服务体系，一套工程、制造设施、销售和财务系统，而图中的每一个策略针对一种产品，都有不同的优先发展方向。

针对这个问题，公司高级主管应该制定一系列默许的优先考虑事务，即"最优选择"。这个选择代表了公司的长期发展方向，也是整个公司的一致主题。长久以来，所有企业都被认为应该找出这样的立场。如果有特殊情况需要应用不同的策略，当然可以去实施，不过此时的管理层必须意识到这样做是存在一定风险的。而且，可能最实用的决策方法是，遇到看似各种决策都行得通的情况时，"最优选择"仍是首要坚持的，在通常情况下，这种决策方案类似于在丛林中行走，按一个箭头的标识便能顺利穿过丛林到达另一端。

针对受管制产业的延伸

在受管制产业中应用竞争优势图时，此模型应该再补充一个方格。我们把对应的"列"叫作管制优势，将"行"称为资源控制。总之，它们代表了商业的法律观点，即合约和财产。

管制优势通常通过对政治实体的成功游说而获得。这就是官员竞选时，其后有大批财团资助的原因。若这一举措被视为滥用资产，那么势必引起竞选改革，不过极少数人会产生废除这一举措的想法。此外，游说本身就是一种产业，而且是极其正当、合法的，公司若在这方面进行合理可观的投入，那么将来就有望从管制优势中获得股权回报。

如果公司在美国国会大战中兵败一方，那么真正的竞争才刚刚上演。美国电信部的发展正说明了这一点。消除管制迫使原有电信霸主向竞争对手开放市场，在某种程度上通过其网络为竞争对手创造了同等竞争机会。基于这项立法，大量投资涌入了这个部门。

这项运动背后的投资者认为，面向数据的网络协议会打破原有的面向语音的电路交换协议，那么原来基于后者的公司势必被取代。很明显，垄断文化及其发展绝对抵挡不了来自硅谷或其他地方富有进取精神的攻击。这一观点在很大程度上对"网络改变一切"的六字箴言及其推动投资泡沫的现象做出了解释。

最具讽刺意义的是在 2002 年年初，老牌公司，尤其是一些本地电信运营商在后来的股票暴跌中"毅然挺立"。而那些反应敏捷、核心业务明确的新手，如 DSL 市场的 Rhythms、Northpoint 和 Covad 等公司要么完全退出市场，要么只剩一线生机。同样，广域网市场的两个宠儿——Global Crossing 和 Williams，也只能以破产退出舞台。

让我们回顾总结一下怎么会有这样的事情发生。原有市场霸主的制胜战术是，它们成功减慢了竞争对手的部署速度，致使以优惠利率为它们提供巨额资金的投资者最终放弃投资。在 DSL 的案例中就是这种情况，法律条例允许它们和 DSL 市场新手合作，但是它们原有的垄断致使新公司不能及时有效地为新客户提供服务，因此最终被市场淘汰。换句话说，原有垄断巨头比新兴竞争对手能更老练地掌握管制游戏规则。

除了电信业，这似乎也成了其他数个产业的潜规则。医药行业就是其中一个，因为它们的医疗设备或其他装置的销售首先要得到食品与药品管理局（FDA）的认证。下面让我们介绍一个发生在酒精分配产业的更加微妙但事实上火力同样十足的较量。一家网络酒业网站被所在州立法规定禁止跨州销售。其冠冕堂皇的理由是儿童有可能通过网络订购酒精，而在州议会中他们实际是在担心计税基数的不确定。

管制优势作为一个特殊的竞争优势，还有另一个相关价值规律需要考虑：资源控制。这实际就是广泛意义上的财产。举例而言，石油天然气公司的价值就要以他们占有资源的多少来衡量，技术公司的价值在很大程度上则要以其拥有的优秀人力资源，以及创造竞争障碍的能力来衡量，这是另一种形式的资源控制。无论是在同一经济体系，还是在不同经济体系中，立法都限制了对资源控制的许可权，其产生的效力是一样的。比如美国公司意欲在日本寻求商机，则必须在 20 世纪八九十年代学习日本的相关立法。

资源控制对主要技术公司的个别价值评估也非常关键。事实上，这些公司在整个经济体系的关键部分占有垄断地位。比如 Oracle 数据库、Windows 操作系统或英特尔的 8X86-instruction-set 微处理器。资源控制也是最近对 Napster 和 P2P 文件共享系统的抗议之源。对此，娱乐产业已发起反抗，他们认为这些网络技术直接而严重威胁了娱乐产业的核心资产。同样，资源控制还是医药产业和非洲国家有关艾滋病（AIDS）药品价格纷争的焦点。

最后我们应该注意到，高科技部门在此存在盲点。它们的自由被政府，尤其是相关保护立法所侵犯。它们谴责这种不公平的行为。同时，它们希望自己的知识产权受到保护，并谴责一切侵权盗版行为。简言之，有关这个话题的讨论总是存在分歧。也许更重要的是，这表明部门眼光存在缺陷，而技术之战发起的时候，老牌公司正是利用了它们的不足。

小　结

至此，有关竞争优势的讨论接近尾声，我们对管理股东价值的分析也进行了一半。我们首先介绍从投资者的角度看待自己,将自己的公司看作金融工具,明晰我们的职责是增加股东价值,并把这个问题转换为增强我们的竞争优势。

第2部分,我们提出核心业务一词,并努力找出能使我们的产品变得更强大、更有持久竞争力的商业行为。与此同时,我们将其他商业行为称作辅助业务,并深刻讨论了辅助业务存在的风险,以及管理层的应对行为,以便将稀缺的资源分配给核心业务。

其中的关键在于,要非常清楚我们的选择都是为了专注于核心业务。为实现这个目标,我们在第3部分中介绍了竞争优势图模型,以帮助阐明、定义各种合理的选择。关注图中的每一个方格,管理层可以使用其中的术语来分辨核心业务/辅助业务的问题,并参照列举的一些实例来制定策略。

讲到这里,有人可能怀疑我们所做的——是否没有针对断层。断层的意思就是"创造性破坏",也就是所有灰色方格代表的颠覆性创新和新品类出现在原有市场上。我们尤其关注的是技术上的突破,以及它如何促使不同产业重新寻找竞争优势,如何促使不同公司重新寻找在新兴市场中的位置。

换句话说,科技浪潮的到来将我们冲出原来安逸的环境。这是我们未曾预料到的。确实,不只是始料未及,更是难以理解。这些推动力来自哪里呢?原来的赢家该怎样做才能保护自己的市场地位,或者如何更好地吸收新技术为自己所用呢?

为回答这个问题,我们需要重新了解一个创立了非常久的模型——技术采用生命周期。

LIVING

ON THE

FAULT LINE

第 4 部分
断层地带

形成于技术驱动型市场的"断层地带",是技术采用生命周期的一部分。因为改革技术意味着各种资源的根本改革正在展开,它会直接迅速地波及工业制造力、客户消费力以及供给力。因此,一项新技术应用于市场,其背后的影响力是深远而广大的。

这就要求投资者重新审视并预期他们原本长期居于市场领导地位的产品技术,Digital、施乐、柯达、朗讯和美国电话电报公司(AT&T)的业务主管对此均深有感触。在新一轮技术的推动下,如果原有规律仍然适用的话,原有技术下的价值规律必须被重新审查,必须找出任何微小差异。结果,曾经看似安全的竞争优势地位瞬间瓦解,刚准备庆功的管理团队又要重整旗鼓,从零做起。这绝对是让人极不舒服的经历。

下面详细介绍一下新技术的连锁反应过程。

在一项颠覆性技术成为市场主流之前,它必须通过不同阶段的适应性考验,在每个特定阶段中,市场以不同的方式考验技术的可行性。所有这些变动的最终目标是创造并推广一个可持续的价值链,它可以把新技术变得可靠、适用,从而创造一个新的、长久的市场类别。一旦达到这个目标,我们就说企业步入了主街[⊖],这时,以技术为主的企业可以成功整合并利用各部分经济因素了。

然而,要进入主街,技术驱动型市场必须通过三个初级阶段——我们分别称之为早期市场、保龄球道和风暴时期。因此,技术驱动型市场共有四个阶段,而且每一阶段都需要极其不同的市场发展策略,正如也许竞争优势策略可以带来某一阶段的成功,却会导致下一阶段的失败一样。这确实令人费解,也为管理带来巨大挑战。当公司员工已经适应某一阶段的策略时,管理层发现又需要制定下一阶段的策略了。

你可能会花去数年或数十年经历最后一次技术采用生命周期,这取决于你的公司是什么时候、怎样变得有知名度的。那也会在某种程度上决定

⊖ 指市场发展的繁荣期。

你对本章所概括内容的熟悉程度。本部分主要陈述市场的动态特性，并通过介绍针对动态市场制定策略时所要考虑的条件，让我们更好地了解市场的动态性。最后我们将介绍，面对变幻莫测的市场，若要试图保持商业的连贯性和企业文化的一致性，需要怎样应对组织管理中的挑战。

不过，在正式介绍之前，我还要再次提醒大家，为经济带来巨大创新但也几近让我们为之发疯的断层地带，都是因为一个叫摩尔的人！不是我——杰弗里·摩尔，而是戈登·摩尔（Gordon Moore）！摩尔定律特别指出，半导体工业的性价比每 18 个月就会翻一番，这恰好说明了过去 20 年来新技术层出不穷的特点。现在你可以做比过去多得多的事情，因为你拥有比过去多得多的动力。而且，这种技术飞跃是建立在之前的技术飞跃之上的，其频率和累积影响力都逐渐攀升，因此我们能感觉到我们好似在掀起一层看不到顶的巨浪。

然而我们感兴趣的就是所有这些技术飞跃的顶点，以及另一个或更大的技术飞跃的起点。因为技术飞跃的顶点和起点可以在企业不同部门之间彻底改变财富创造的位置，这实际上就是运行在整个世界经济之下的断层。经济断层的效力就是立即产生从恐惧的谷底到兴奋的顶点的转变——把你正感受到的恐惧彻底地转变为更高效率所带来的兴奋，其差别是数量级的。这是典型的断层效力——飞跃性改革是由非连续性技术改进导致的。经研究证实，技术采用生命周期模型可以最有力地概括技术改革的扩散度，以及其影响力。

第 7 章

技术采用生命周期

$\qquad$ 术采用生命周期模型说明了不同既定人群对颠
覆性创新效力的不同反应，这种颠覆性创新迫
使人们废弃为迄今为止仍未能获得的诸多利益而制定的传
统基础设施和体制。这里用一个钟形曲线来说明人们的反
应，钟形曲线可分为五部分，分别代表五种人群的反应，
如图 7-1 所示。

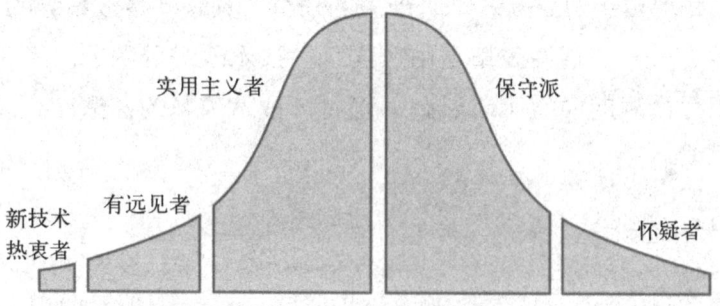

图 7-1　技术采用生命周期

钟形曲线囊括了所有受到新技术影响的人群。曲线的
不同部分说明了人们采用五种不同策略来决定何时、为什

么从旧有技术转向新兴技术，以及人群比例。这五种不同策略如下。

新技术热衷者策略

他们通常在新技术出现的第一时间，就迫不及待地予以采纳和使用，他们只在乎技术特性是否够"酷"。新技术所能带来的优点也许并不是这部分客户感兴趣的，但他们对这种新技术的内在机理有浓厚的兴趣。如果机理足够新颖，这些新技术热衷者就会毫不犹豫地使用这种新技术，并向人们展示它。

有远见者策略

有远见者采用新技术的目的是占有明显优势，比不采用新技术的竞争者更胜一筹，可以抢尽先机部署优势体制，并借此跃居竞争前沿，使得一切竞争同盟都围绕在这个新的领导周围。这种富有远见的人不会随波逐流，他们总会寻找一切机会脱颖而出。

实用主义者策略

实用主义者是与有想象力、有远见的人截然相反的一类人。他们甘愿服从大众，只有在其他人都采用新技术的时候才开始使用新技术。他们善于运用市场的选择力，找出哪些新技术是经得起市场考验的，是有价值的，一旦发现市场中出现这种新技术的发展动向，便马上成为新技术的跟随者。实用主义者会时常互相讨论谁在用什么技术，以保证自己不落伍，但是如果他们看不到新技术成功应用的范例，绝不会率先示范。

保守派策略

保守派策略是尽可能地使用原有技术，因为：①原有技术仍然奏效；②他们对原有技术已经足够熟悉；③他们对原有技术已经付出了代价。为了尽量拖延转向新技术平台的时间，保守派节约现金开销，避免碰触学习曲线，短期内尽量保证高效率。然而从长远而言，保守派还是要转向新技术的，那时他们的体系焕然一新，这对他们而言仍然有利。但是如图 7-1 所示，这部分曲线下半部分逐渐平缓，表示如果他们过度保守，停留在原有技术中的时间过久，就会逐渐失去对转型时机的把握，从而完全孤立于原有技术中，不能进入新技术世界。

怀疑者策略

这部分人认为整个技术的出现自始至终就是一个错误，全然拒绝采用。如果那些新技术在市场竞争中真的未能占据主流，那么采用怀疑者策略就是对这些技术的成功应对。但是，如果新技术在市场竞争中占有优势，那么这些疑心过度的人和那些顽固的保守派就如出一辙了。

上述每种策略都有它的效力，面对不同技术产生的影响，一个人可以选择不同的策略予以应对。但是对于某种既定技术，即便不同的人做出不同的反应，按照钟形曲线的分布规律，其累积影响也会使市场表现出某种特定情形。结果，市场发展模型如图 7-2 所示。

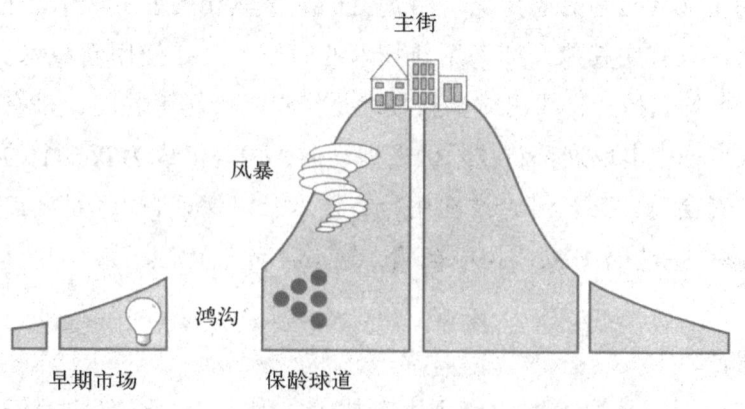

图 7-2　技术驱动型市场的发展轨迹

图 7-2 所示的模型将技术驱动型市场划分为以下几个部分。

第 7 章 技术采用生命周期

- 第一阶段，或早期市场阶段，一些人（如上述新技术热衷者和有远见者）在技术革新的初期就采纳了新技术，而大多实用主义者仍持观望态度。这一阶段的市场发展目标是赢得一些有声望的重要客户，以便宣传新技术将会带来的潜在益处，推广新技术。

- 早期市场阶段之后开始进入鸿沟阶段。这一时期，除了已经决定采纳新技术的早期使用者之外，没有其他人继续采纳新技术，因为大多数实用主义者仍在观望。实用主义者都在观察其他人是否有意采纳，但是没有人甘愿冒险充当第一人，这就造成了早期市场之后继续发展的障碍。这一阶段的市场发展目标是找出能够带动新一轮采纳新技术的实用人群。

- 在多数技术驱动型市场的发展过程中，某些特定的实用客户会率先采纳新技术。我们称这段发展时期为保龄球道，因为这一时期的市场发展目标是以首先采纳新技术的人群为参考，逐步赢得下一组，以至之后的技术采纳者。尤其当这个"第一个被击倒的保龄球"，也就是这个具有代表意义的实用主义者发现原来的技术无法解决当前遇到的重大商业问题，因此必须实行技术改革时，就像打保龄球一样，一旦击倒了第一个，剩下的便会被轻松攻克。

- 由于只有一小部分实用主义者采纳新技术，其市场前景会有两种可能性。其一，使用者只形成一小部分市场，造成一种我们称为"永远的保龄球道"的现象。若出现这种情形，每个小市场都有相对的复杂性，其解决方案也各有不同。结果有可能是不会出现较大的市场，而市场发展目标也只能是扩展现有的小市场，若机会允许，再开创新市场。其二，就是"杀手"的出现——这种创新技术统一带动多个小市场，并为它们带来可观的收益，使得新技术的应用由小规模转变为更大范围，新技术在广泛领域内得到迅速扩张。我们称这段时期为风暴时期，因为此时市场大规模扩增，需求很大，连续

121

数年推动产业高速增长。市场发展目标是尽量占据更多的市场份额，因为这一阶段的整个市场需求几乎都与这项新技术有关。

● 一旦市场供给满足了市场需求，这个风暴时期便平稳下来，市场进入主街。此时，新技术已得到广泛普及，就连保守派都欣然支持新技术的应用，新技术取代旧技术稳居市场之中。此时的市场发展目标是不断提高新技术带来的价值，降低基本消耗，并通过增加附加价值、延伸服务来获取利润。在很多情况下，最大的扩展服务就是从产品销售扩展至良好的售后服务，让客户在购买产品后用得放心，没有维修的后顾之忧。

值得注意的是，技术采用生命周期的结束并不代表此项技术在市场上生命力的完结。新技术带来的新兴产业完全可以永远停留在主街，只有当下次颠覆性技术革新到来时，才可能淘汰已占据市场主流的技术。事实确实如此，尽管商家力图缩短生命周期，但是在市场完全接纳新技术之后，主街一般情况下要持续数十年——如汽车、电话、电视、个人电脑以及手机等各行业都是如此。尽管主街相对较长，但是由保龄球和风暴阶段的市场份额决定的市场优势顺序，在主街仍然适用。也就是说，尽管主街代表了最后的和持续的竞争优势分布，但这个时期的市场份额早在之前的几个时期的发展状况就被决定了。因此，在技术采用生命周期的每一阶段的成功都奠定了取得市场稳固成功的基础。

我们将去向何处

在接下来的几章里，我们将要阐述每一阶段的动态性，着重介绍以下三个基本要素：

第 7 章 技术采用生命周期

- **不管市场中的个体参与者的期望如何，整个市场去向何方？** 这个问题可以分解成清晰的价值链模型，以及在每个市场阶段参与者怎样取得优势，崭露头角。目标是分清市场中的各种力量，并以此创造良好环境，为每个独立的公司在每个阶段实现其目标奠定基础。

- **在每个阶段，什么样的竞争优势是有用的？** 这里适用的主要框架结构是竞争优势图，而且在市场的每个阶段都有不同的竞争优势。这里的目标是使公司的壮志雄心和市场意图达成一致，并使公司管理专注于每个市场阶段的制胜因素。

- **每个阶段的成功对股票价格有什么影响？** 此处的框架结构可以用GAP/CAP 模型来描述，并理解在市场的每个阶段，GAP 和 CAP 如何可以按预期改变。此时的目标在于统筹公司和股东间的利益，用股票评估代替损益报告，并将股票评估作为在不同市场阶段衡量公司业绩的关键标准。到了主街，上述两者会重新互相作用，成为业绩衡量标准。

在第 7 章结束的时候，我们将会充分理解一个问题，就是在技术驱动型市场发展的每个阶段，如何管理股票持有者的价值？只要弄清这个问题，第 7 章就已达到目的了。接下来，在本书的后续内容中将要解决的重大问题就是：如何在企业的组织管理中实现上述构想？

123

第 8 章

第一阶段：早期市场

价值链策略

在价值链两端的两组人群各自抱有其目的，新技术是他们结合的理由，这样，早期市场就开始形成了（见图 8-1）。

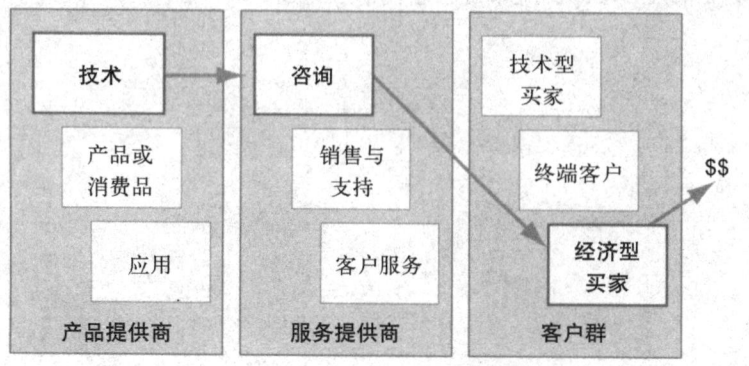

图 8-1　早期市场的价值链

价值链左端是技术提供者，是颠覆性革新的兴起人，他们希望在一个全新的平台上开创全新的市场。价值链的右端是富有远见的先行者，我们称之为经济型买家，也有他们自己的目的。他们想重构市场定位，希望自己的公司能成为新兴市场的领头羊，并且希望尽早实现这个目标。他们预见到可以借助新技术打破既定市场秩序，当然希望自己抓住机会跻身前列。

然而，现有的价值链并不能将处于两极的人群联系起来。其实，处于这两极的人群是要打破现有价值链的。不过，在市场当中倒是有一个机构可以成为连接他们的桥梁，可以把技术提供者的魔力转换成经济购买者的梦想，这个机构就是咨询机构。咨询机构并不试图在市场中酝酿一条价值链，而是直接为一个项目的特殊需要，创造一条临时价值链。也就是说，它们会把产品、应用说明、销售及技术支持、客户服务，甚至在某些特殊情况下会用自己人直接充当客户的技术型买家（甚至充当客户的终端使用者），只要为单一客户的单一案例创造一条成功的价值链即可。

毋庸置疑，这样做的代价会很大。不过如果模拟成功，公司真能一跃成为市场强有力的竞争者，那么那些大胆而富有远见的投资商就成了英雄人物，无论之前花费多大，跟公司在市场中所拥有的股票份额相比，也只能算是九牛一毛了。

早期市场价值链中的主要玩家大抵如此。此外，还存在一些边缘角色的人群。他们的产品还没有完全成型，使用说明也没有完整的文字叙述。有关产品服务的，比如销售、技术支持和客户服务机构等都仍在成长期。技术购买者不愿为这种不成熟的状态承担任何责任，经理人或终端用户也都会认为在这种情形下开始合作仍为时尚早。当然，即便如此，我们也不能把这类情形下的人群从表格中删除——他们在早期市场项目中甚至是很常见的——不过他们通常被看作市场发展中的障碍，而不是契机。

咨询机构能够扮演越来越多的角色时，就会促进早期市场价值链的发展。因为承担的任务繁多，就要为之前没有经验、没有训练资源的任务负责任，这必定会导致工作效率低下。能胜任这么多工作的人毕竟是少数，如果公司承接的任务超出了工作人员的水平，公司的服务水平也会出现问题。而且，由于新技术还没有一定的市场，临时项目一旦完成，就没有其他类似的项目可做，之前临时为这个项目准备的资源和学习平台都要面临解散。这又增加了项目耗费，因为这次的耗费不能分摊到其他项目中，最后就造成了资源不足和效率低下之间的恶性循环。

最终的结果是，不管是价值链还是市场都没能坚持到项目结束（没有箭头的空隙事实上代表着为创造附加业务所表现出来的资金的循环过程）。市场初期，销售人员很少，而且每次销售都要尽量一次性完成。在这种模式下，服务业供应商尽管面临挑战，但也能获取一定利润，可是产品提供者就无法获利了。尽管客户不太在意价格的高低，也并不要求销售人员降价打折，但问题是他们在购买之后基本不会成为回头客，因此以产品为中心的商业模式在这里是不适用的。

竞争优势策略

在没有持久价值链的市场中，一次创新的支持者期望获得怎样的竞争优势呢？答案是品类优势（见图8-2）。

在这种情况下，所有公司的目的都是要创造一个全新的市场品类，并领导它。

- 再造者利用既定价值链中的传统缺陷来为自己创造新的市场分类，这一点是当时的市场领导者无法做到的。例如，美国邮政总局深受社会和经济因素的限制，就没有足够的自由开展像联邦快递或UPS一样的物流服务，这一市场分类的丰厚利润就被它们挖掘一空了。

第 8 章　第一阶段：早期市场

	供给优势	客户优势	产业优势	品类优势
优化运作	**节约者** BIC、Motel 6、Costco	**满足者** Kinko's、宜家、西南航空公司	**支配者** 沃尔玛、戴尔、Visa、埃克森	**再造者** 麦当劳、联邦快递、捷飞络、嘉信理财、塞雷拉基因组
客户亲和力	**使人欢欣者** 诺德斯特龙、耐克、Crystal Geyser、Hold Everything	**参与者** 麦肯锡、Martha-Stewart、Saturn、星巴克	**市场创造者** 美林证券、纽约扬基、迪士尼、IBM	**利基市场发掘者** 美国退休者联盟、MTV、硅谷银行、欢乐公司
产品领导力	**让人安心者** 金霸王、索尼、途明、泰特利斯、安捷论	**优秀者** REI、Adobe、法拉利、劳森软件、Retek	**排外者** 思科、微软、梅赛德斯、诺基亚	**创新者** Palm Computing、苹果公司、Sharper Image、戴姆勒－克莱斯勒
颠覆性创新	**快速进入者** Priceline、E*Trade、网景、Napster	**巫师** 家庭购物网、TiVo、Pleasant Company	**突破者** 亚马逊、时代华纳、高通、安然	**魔术师** eBay、雅虎、Nintendo、宝丽来

图 8-2　早期市场上的竞争优势

- 利基市场发掘者利用了另一种传统缺陷，就是已经具备最优规模的既定市场领导者无法再在小利基市场中投入太多。所有的利基市场都有其特性，因此也需要特殊的市场开发者。利基市场一旦开发成功，开发者便深受这批客户的青睐，使得他们逐渐拥有长久的客户，开发商也会从赚取微小利润达到获取可观收益的境地。关键在于最初的突破点，就是利基市场赢家的独到之处，他们做到了既定市场领导者没有能力也不想做的。

- 创新者利用了人们思维定式的缺陷。主要是产品设计方面的思维定式。具有广泛市场的产品设计已在人们头脑中根深蒂固，产品设计者很难突破既定模式有所创新。而创新者却做到了这一点。比如深受客户喜爱的掌上电脑，它的成功推广就是经过有创新思维的人数

127

十次的摸索，将现有技术集成到手持操作设备上，其便捷、轻盈等特性吸引了大批客户。它的成功不在于将多少高端技术置于其中，而在于其独特设计为大家带来的便捷。再比如苹果公司的 Mac 机，由施乐的明星工作站衍变而来，而其成功在于将 Mac 机重新定位的旗帜：为了我们的所有（for the rest of us）。简单来说，创新者运用已知方法解决了现存问题，这来源于巧妙的构思设计，而不是核心概念的突破。

● 就这一点而言，创新者与魔术师形成了鲜明对比。魔术师确实造就了独特发明，并设法将之推广给诸多客户。这与地球上的生物法则极其类似，即通过创造突变来开发新一代物种遗传。eBay 网络拍卖就是自网络时代以来最具代表性的创新，不过它的发展是以个人电脑、局域网、手机、电子信箱以及网站的发展为前提的。

所有这些公司都在利用品类优势，部分原因在于，在技术采用生命周期的这个阶段，品类优势是唯一可被利用的。尚未形成产业，因此没有产业优势。没有固定客户群，因此也要排除客户优势。另外，虽然有绝对的供给优势，但是这种优势仅仅存在于想象中，因为没有价值链去传递这种供应。就像有人写好了一部剧本，但是在这个世界上还找不到演员、导演、舞台设计，甚至找不到剧场，这部戏怎能上演呢？

工业市场中早期市场策略的精髓就是要通过一项或多项交易赢得可观的客户群，并利用这些客户为新产品创造市场，招徕更多客户。名人效应有利于推动早期市场的形成。很多客户都希望得到名人（明星）签名，尤其是现场（只要是真实的）签名发售，就会自然而然地推销产品（这种方法在技术采用生命周期后几项策略中并不适用，之后将会有所了解）。发起人必须抓住早期市场的成功机会。

（1）展望未来，注重最后阶段的发展愿景，甚至可以乐观地忽略现阶段产品只是未来规划中的一小部分的事实。我们的目的是要重塑一个品类，而不仅仅是产品。在 20 世纪 90 年代初，苹果公司用一个叫作"知识导航仪"的录影机创立了个人数码助理行业，而在整整一年之后才有了产品。不幸的是，之后推出的牛顿产品因为没有恰当的市场定位，需求量低到最终只能退出市场。

（2）拿出证据，至少有一位客户确实从产品中获益。这位客户就像一个标志，卖家必须借这个机会尽一切可能说服赞助商。原因很简单，已经占有一定市场的公司很难清晰地承诺开发新的市场，也很难看清在早期市场中成为领头羊的优势。

（3）创造紧张氛围，就像海上即将破碎的浪花。保守地说，这是一种合理的夸张，但对早期市场的发展这样做绝对是至关重要的。我们常说的"鼓动家"就最擅长做这些。盖伊·川崎（Guy Kawasaki）是苹果公司中世界知名的"技术布道者"（鼓动家），而且他的第一本书——《苹果之路》(*The Macintosh Way*)，就是有关早期市场营销的。

（4）保证宣传。新品类在初期就像交流媒介中的手工艺品，是流通中的文化观念。早期市场与传媒是极其类似的，因此做好宣传非常关键，不要有任何害羞的顾虑。

总之，对于技术提供者而言，竞争优势只来自对未来市场的定位，而不是获取价值链，或在既得利益市场中的细分优势。这里也暗含了对管理策略的重要启示——在技术采用生命周期的这个阶段，管理方不应投资建立价值链。因此，技术提供方不应在这一阶段准备销售、市场、客服、生产、采购、物流、人力资源和信息系统，甚至资金方面的规划。唯一需要做这些计划的供方机构应该是专业的服务公司，因为他们不会随新技术的变化而更换新人，更不会因更换新人而浪费最初的投资。除此之外的所有供方机构，若想在早期市场阶段就开始投资这些基础建设，绝不能算是明智之举。

股票价格启示

面向技术的投资者对早期市场的发展很有兴趣，他们希望在大批投资者蜂拥而上之前就把握住未来的趋势。不过，与此同时，他们也很谨慎，生怕这只是在将来不会转变为竞争优势的欺骗性宣传。这种两难境地可由图 8-3 反映出来。

我们需要注意图 8-3 中所示积极和消极的启示——假定一部分客户已经在很大程度上接纳了新技术。积极的启示就是，我们可以把这一现象当作拥有真正 GAP 的证据。

然而，消极启示就是没有任何 CAP 的证据，还没有可持续市场的保证。这就是图 8-3 中不确定的阴影部分表达的意思。因为没有持续的价值链，我们还不能清楚地知道已占领多少市场，此时难免怀疑：这究竟是不是将来的发展趋势？

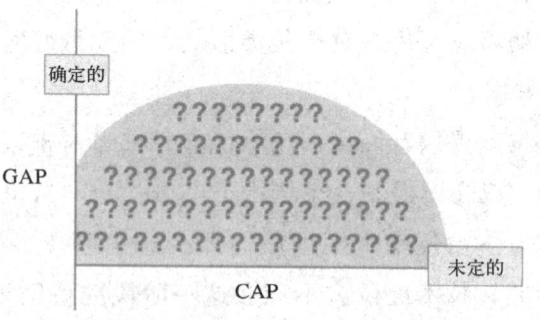

图 8-3　早期市场上的成功对股价的影响

然而，如果是风险投资支持的创业公司，早期市场的成功显得尤为重要。试想一下，第一轮资金的注入是基于现有市场价值链进行运作，团队的信誉也将得到检验。那么要想得到具有更高价值的第二次资助，就需要赢得至少一位示范性客户。好，现在我们已经有旗舰客户了。第二轮注入资金的多少（增加 10% 或全部投入）要视这次示范性交易的效果而定。究竟怎样评估呢？事实上，它跟实际盈利的多少无关，尽管盈利越多越好。它在很大程度上取决于新客户在传达公司的价值预算，以及体现先发优势时所起到的作用。这也是吸引第二轮投资者想象力以及热情的所在。因此，赢得早期市场的示范交易对创业公司非常重要。

对大型公司而言，上述问题显得更加重要。公司总收入对股票估值起了主导作用，所以在早期市场获得的信息，虽然通常不能从数目上显示出来，但是必须慎重管理抽取股东价值。最具影响的是来自投资分析界的信息，因此最好听取来自投资关系部门的信息。不幸的是，这种部门通常为过分注重资金状况和损益的短期行为所累，因为作为投资公司，盈利与否才是它们首要关注的方向。为打破这一陋习，投资方 CEO 必须做好示范客户的宣传，不要单单把它定义为简单的交易来处理，而要当成市场推广的手段。要大力宣传示范性客户，使之成为未来潜在收益的有力证据。

如果这种方法奏效，大型公司的股票就可以在"光环效应"的笼罩下稳步上升了，尽管从根本上讲，大型公司很容易低估早期市场获得的成功。这就为创业公司提供了可以尽情发挥的空白画布。并且，下一个市场分析师的视野肯定会影响对现有市场的估值。简言之，现有公司的投资关系团队忽视早期市场事务的处理和发展是不明智的，这对公司及其周围的市场发展都不利。

总结一下早期市场发展策略，其核心就是要赢得一部分标志性客户，向商界，也向那些试图抓住技术潮流的投资公司展示他们的存在。这些信息是针对市场中富有远见的人，以及其他有超前思维的人的。同一市场中的保守派对这些信息并非没兴趣，他们也会四处打听新技术的发展状况。但这并不是他们已经决意采纳的技术，也许下一步会采纳——尚在考察中。下一阶段市场发展中的挑战，就是发动第一批采纳新技术的保守派。

第 9 章

第二阶段：跨越鸿沟进入保龄球道

技术若能够在市场中经受住长久的考验，它们就必须跨越鸿沟，在对岸占据有利的位置。现在，我们已经来到了实用主义者的王国。为了让实用主义者完全行动起来，公司必须重新考虑在早期市场制定的营销目标。那时的目标是赢得一个客户后，再赢得下一个客户。但是，为了能跨越鸿沟，公司必须同时赢得一群客户。原因如下：

- 实用主义者喜欢集体行动。这就导致了他们总是喜欢听取别人的建议，并在决定购买技术时将口头评价作为他们的主要建议来源。要让某个单独的实用主义者率先接受并不是不可能，但过程会非常曲折，而且收益甚微。

- 实用主义者在购买一项技术时，喜欢对整个价值链，而不是对某个具体产品进行评估。价值链是围绕群体客户而不是某单一客户形成的。现在，公司的生意已十分稳定，足可以让专攻新技术的投资获得收益。而零星的生意，无论销售额有多大，都无法创造可持续的价值链。

所以，衡量是否跨越鸿沟的直观标准，是看它在以前没有市场、价值链的地方是否"创造了一个市场、创造了一个价值链"。要做到这一点并不是一件很容易的事情。为了提高成功的机会，减少所要耗费的时间，最好的办法是在创造大众市场之前，先集中力量创造一个利基市场。这是一种降低风险系数的谨慎做法。

可以将利基市场看作具有本地化、专业化需求的一种相对独立的商业系统。它独立于主流市场之外，因为主流市场不是针对这些专业化需求的。细分市场为技术支撑型市场的出现提供了一个"价值链孵化器"。也就是说，这种独立性能让脆弱的新价值链免受来自现有价值链直接的竞争性攻击。实际上，是客户群培育了正在成长的企业，因为他们希望从中获得丰厚的回报。

价值链策略

为了更形象地说明早期市场到保龄球道是如何演变的，我们再回顾一下价值链图，这次我们看到的是一位新市场建造者。

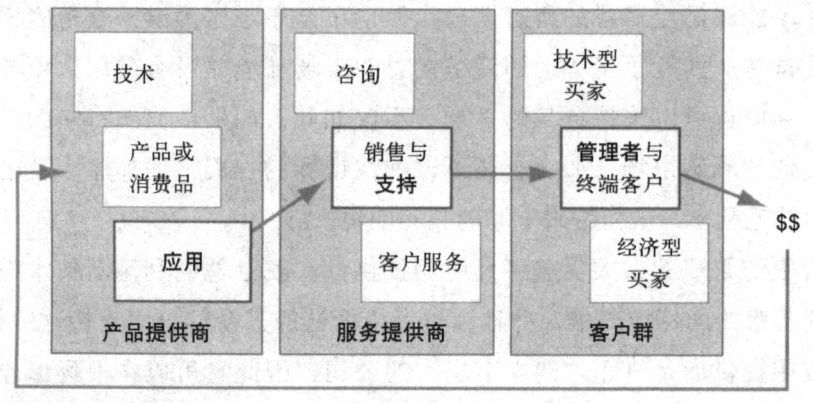

图 9-1 保龄球道时期的价值链

在价值链的右端，位于客户群区域中的管理者代表聚集的人群，是具有同样需求人群的总和。这些管理者都是部门经理，负责零碎、任务导向型的工作，此时，他们都乱作一团，想方设法来解决他们共同面临的问题。另外，尽管是基于一些尚未验证的技术，但位于产品提供商区内的应用提供商还是针对这一人群的问题提出了解决方案。如果问题非常棘手，而在投资回报率还不是很低的情况下，就会有一些管理者愿意冒险尝试一下。应用提供商会通过具有强大支持能力的销售与支持部门将解决方案提供给客户。这是因为在市场初期，价值链的其他伙伴仅仅是被招募了，但要靠他们自己的力量来正确地集中所有的产品还不十分可靠。后来，这些伙伴将能够完全承担起支持职能，开明的应用提供商也会让他们这么做，因为这可以拓展他们自己的市场和研究范围——但是就目前来说，他们还太新了。所以应用提供商的支持方在排除所有小故障中处于领先地位，直到工作中的全部产品就位，甚至直到问题的产生不再是来自他们，而是来自产品中的其他企业生产的部分。

请注意，图9-1中用箭头标出了现金循环的流向。这是利基市场策略的完整性所在。我们正在首次建立一个能够独立支持的持久市场，在其中，客户所得的实惠又促进了对这种产品和相关服务的发展。即使没有其他的市场采用这项技术，维持这个市场在经济上也是可行的。可以肯定的是，回报并不能满足投资者的所有期望，但也不至于难以为继。这是因为利基市场具备持久的竞争优势，即使是在总的市场环境并没有采用这项技术的时候，它们也可以维持自身的发展。不仅如此，如果价值链将它的触角延伸至其他的利基市场，那么它还可以加快市场的发展，增加原本就已经相当可观的毛利率，从而带来丰厚的利润回报。

价值链策略的最大受益者是应用提供商。就是他们利用新技术满足了目标利基市场的特定需求，并且重整了价值链的其余部分以支持这一行动。由于应用提供商是真正"建立市场"的公司，因此它可以在市场形成期间获得有利的市场特定竞争地位。这种地位可以无限制地维持下去，甚至直到技术采用生命周期不再延续，任何一个市场都已经形成了具体强弱顺序的时候，它才开始发生变化。

价值链中的其他成员——核心技术提供商、软硬件制造商、商业咨询和系统集成商、客户服务人员，甚至包括客户自己的技术人员——他们都乐意坐在后排。这是因为他们都愿意扮作低成本、高效率的多面手，只需要对他们的业务方式进行小小的调整就可以了。反之，由于应用提供商和问题所在部门的经理产生了直接的摩擦，因此它就必须像一个价值链制造专家，并且进行重大的投资，以便能有效地制造价值链。

竞争优势策略

由于保龄球道时期的本质就是充分利用了利基市场的孵化优势，因此这个生命周期的重要竞争优势就是"客户优势"（见图9-2）。

所有在这一列内的公司都无一例外地给予了一类客户特殊的优惠，这类客户处于市场的边缘地带，并用格外的忠诚回报这些公司。

- 尽管满足者在经营上非常出色，但他们还是在金钱上补偿那些买不起产品标准服务的客户，并通过这种方式让他们从自我服务的状态中脱离出来。当这类客户不断增多时，公司与这些客户就向着一种十分友好的关系发展，精明的营销者正是利用这一点，加强客户的集体感和忠诚度。

- 参与者将这种友好的关系提升到了更高的级别，将目光瞄向了市场的另一端，那里的客户以溢价购买的方式来支付额外费用，即使那仅仅是一杯鲜奶咖啡而已。友善的关系再次被建立起来，最终，客户忠诚度也大大提升。更有趣的是，Saturn公司不能长久位于这一区域内，这可能是因为它将目标市场更多地锁定在满足者的客户群中。

断层地带 ———————— LIVING ON THE FAULT LINE

	供给优势	客户优势	产业优势	品类优势
优化运作	**节约者** BIC、Motel 6、Costco	**满足者** 金考、宜家、西南航空公司	**支配者** 沃尔玛、戴尔、Visa、埃克森	**再造者** 麦当劳、联邦快递、捷飞络、嘉信理财、塞雷拉基因组
客户亲和力	**使人欢欣者** 诺德斯特龙、耐克、Crystal Geyser、Hold Everything	**参与者** 麦肯锡、Martha-Stewart、Saturn、星巴克	**市场创造者** 美林证券、纽约扬基、迪士尼、IBM	**利基市场发掘者** 美国退休者联盟、MTV、硅谷银行、欢乐公司
产品领导力	**让人安心者** 金霸王、索尼、途明、泰特利斯、安捷伦	**优秀者** REI、Adobe、法拉利、劳森软件、Retek	**排外者** 思科、微软、梅赛德斯、诺基亚	**创新者** Palm Computing、苹果公司、Sharper Image、戴姆勒–克莱斯勒
颠覆性创新	**快速进入者** Priceline、E*Trade、网景、Napster	**巫师** 家庭购物网、TiVo、Pleasant Company	**突破者** 亚马逊、时代华纳、高通、安然	**魔术师** eBay、雅虎、Nintendo、宝丽来

图 9-2　保龄球道时期的竞争优势

- 满足者和参与者都倾向于向客户提供带有额外服务的标准产品，而优秀者则是靠提供额外服务以及优质产品来赢得顾客的青睐。最初，它们只是对青睐于额外服务的客户提供服务，比如请他们攀越珠穆朗玛峰或者帮助他们修饰一下他们的照片。但后来他们又将那些喜欢和渴望加入的客户群吸引进来，这些客户会在这个群体中各自为政，并逐渐提高他们的忠诚度。

- 最后，巫师是指那些向他们目标客户承诺他们已经建立了一整个价值链来服务客户的公司，无论这些客户是渴望幻想世界得以实现的年轻女孩，还是渴望收看电视节目的海狸[⊖]。这虽然是一个既昂贵又具有高风险的策略，但是它所带来的收益也是相当可观的。

⊖　海狸用来比喻工作繁忙的人。——译者注

第9章 第二阶段：跨越鸿沟进入保龄球道

在市场开发期间的任何时候，我们都可以使用客户优势策略，但是它们却在跨越鸿沟的过程中独放异彩。在技术支撑型市场中，产品存在于一个精细、并列的价值链环境中，现有的价值链却主要集中在其他的市场范畴之中，而不能支持一个没有特定动机的新市场。在行业市场中，这种动机标志着一个新利基市场的开始，客户会为特定的产品和服务支付大量的额外费用，这足以为新价值链的出现在资金上提供保障。在消费者市场中，并不存在这样的客户，为产品流通服务的价值链成员没有足够的资金来接受这项工作。因此，消费者市场通常是紧跟在热点市场之后形成的，那是一股可以建立新大众市场的力量，我们将在下一个章节——风暴时期的竞争优势中对其进行讨论。它不适合作为一个跨越鸿沟的立足点。对于跨越鸿沟来说，理想的目标是那些带有严重问题的行业市场。

假设这个目标存在的话，成功市场开发的关键在于：

（1）集中精力来准备零碎、任务导向型的工作。这些工作是客户不顾一切完成的，以至于厂商必须要召开销售会议，并在会议上做出承诺，帮助客户完成这些工作。让客户完成这些工作是吸引价值链上其他客户的关键。

（2）配合价值链上的客户来确定这项工作。一方面，位于价值链中的其他厂商还要服务其他客户，因此他们自然不能将全部精力都放在目标利基市场上。另一方面，颠覆性革新的传播者热情高涨，努力建立和维持该项工作，这不仅是为了它们自己，也是为了其他每一个所涉及的公司。

（3）针对客户的问题提出有深度的专业建议。这里，厂商可信度来源于它是否能够第一个解决那些最难、最顽固的问题。不管它们的技术水平有多高，这样做都并不容易。因此，它们需要处理的是问题的细节部分。这不仅有助于你指导自己的工程师，还可以帮助协调这项工作中的其他公司。

（4）根据执行情况来跟踪每一笔业务，直到关键的问题被解决掉。位于同一细分市场中的一部分客户在同一产品完全被成功接受以后，会将结果对外公布，届时需求就会迅速上升，位于同一价值链中的其他厂商便不再需要对其进行更多的照顾了。直到这些都发生之后，你的热情虽并不很高涨但确实被点燃了，因此你也必须小心地控制它。

新技术浪潮是用来解决一个或多个细分市场的关键问题的，正是这种能力在本阶段创造了以品类为基础的竞争优势，而多半的回报都转到应用提供商那里。因为它们获得了多数的收益，因此对于它们来说，理解和采纳利基市场相对简单一些，特别是当这样的选择会让你多花一年的时间来跨越鸿沟的时候。然而，对于平台产品或者交易服务公司来说，让它们采纳的可能性却很小。它们制订的商业计划通常是基于技术在跨多个商业细分市场之间被水平型的采纳，或者是基于市场中存在着广泛、有代表性的消费者群体。它们并不甘心落后于利基市场。垂直行业领域的专业技术对它们来说没有什么价值，它们只是为了能完全进入一个利基市场而自愿地从属于一个应用提供商，这对它们来说似乎代价太大了。即使这样的战术被证实是可行的，导致的市场次序变动也很有限，而且还有可能导致其他市场误认为公司是一个利基市场成员。基于以上原因，平台产品以及交易服务厂商不愿意用利基市场的方式来跨越鸿沟。但是，这仍然是一个错误，原因如下。

如同我们即将看到的，平台产品会在风暴时期得到充分运用，而交易服务产品则将在主街得到充分的运用。这两个生命周期阶段是它们即将闪光的时期。因此它们的策略应该是加速接纳新技术，以便更快地进入属于它们的阶段。对于任何策略来说，在跨越鸿沟期间所花费的时间都代表了大笔的机会成本，并且这也给了竞争对手机会，在它们不能取得任何进展的时候赶上它们的领先优势。这使得跨越鸿沟很有可能非常快地成为它们首选的策略——因此需要进行公认、非自然的利基市场营销。可以肯定的是，这有点儿像是一条希望成为蝴蝶的毛毛虫，它必须先吐丝将自己绕成一个茧，然后再慢慢蜕变——中间的行动与最终的结果相去甚远，以至于很难保证它一定要采取这样的行动。但是现在有足够的例子可以证明，不采取这样的行动，结果才更加致命——ISDN网络、目标导向的数据库、

IBM 的 OS/2 操作系统、手写计算机、红外连接协议以及人工智能等在市场开发中的失误都充分证明了这一点。

股票价格启示

为了帮助公司的管理层支持利基市场营销，股票价格的启示可以帮助他们了解保龄球道时期的成功是怎样影响股票价格的。假定他们的公司和野心都足够大，那么这种利基市场营销总是看似将其精力过多地集中在市场开发上面。图 9-3 描述了成功利基市场的 GAP/CAP 所带来的启示。

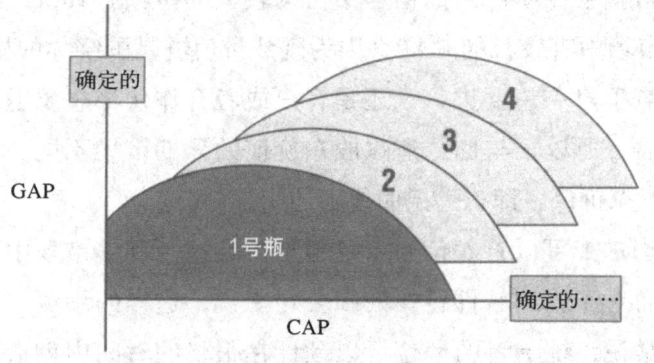

图 9-3　成功地跨越鸿沟对股票价格的影响

阴影曲线部分面积的大小表示从第一利基市场（或者 1 号瓶中）赢得市场领导权所带来的升值。这种获得市场份额的函数，来自在该利基市场中新技术产品的销售数量。在"鸿沟集团"中，我们将其分成三个层次的等级系统，具体说明如下。

如果你在新产品的销售中占 30% 的份额，那么你可以自称为：**领导者之一**。

如果你在新产品的销售中占 50% 的份额，那么你可以自称为：**领导者**。

如果你在新产品的销售中占 70% 的份额，那么你可以自称为：**支配者**。

为了让保龄球道策略更好地发挥作用，公司必须在它们攻入的第一个市场中成为"统治者"，然后在下一个或下两个市场中获得领导者的地位。之后，这三个等级中的任何一个会对这部分中全部市场份额都有所贡献。这个规则的基本原则是，一开始实用主义人群必须在单一解决方案周围听到有明确的一致意见形成，不然的话，他们会在购买的决策中不知所措，占领市场的努力也会失去动力。

所以让我们这样假设，你在代表"1 号瓶"的利基市场中获得了统治地位，此外你还有其他一些有待发展的市场：对于投资者来说究竟投资价值在哪里？首先，作为第一个利基市场的统治者，意味着你有很大的 GAP，否则，别的公司就会在新产品的销售中占据较大的份额。其次，这意味着你在这个利基市场中有较长的 CAP，因为既然价值链是围绕你的标准形成的，那么无论是竞争对手想要进入，还是客户或者合作伙伴想要退出，都会面临很大的障碍。所以，与创造潜在股东价值的早期市场不同，现在你创造的是真实的股东价值，即第一条曲线下的阴影部分。

因此，华尔街可以首次信心十足地至少在这个利基市场中预见未来收益的现值。而对于应用软件行业的新公司来说，这样的预测足以赢得公众产品。也就是说，统治者的地位可以预计在很长的时间内创造高质量的收益，如果这是你公司的第一桶金，那么你的远大前程便正式开始了。

如果你已经是一家上市公司，并且已有充足的收益流到位，那么增加新的利基市场对于损益表造成的影响就微不足道了。如果缺乏将当地市场的统治地位运用于其他利基市场的远见，那么它就只能创造出适中的股东价值。你必须采取进一步的行动来提升股票价格。这就是我们要在代表 CAP 轴上标"确定的"的原因。为了克服在未来市场规模上投资的踌躇不前，我们需要开拓自己的眼界，通过保龄球道时期隐含的寓意来教育投资者，向他们展示公司如何进入第二、第三、第四个利基市场，并且每一次都能确保自己稳固的领导地位，因而能够拥有较大的竞争优势缺口和较长的竞争优势期。

最后，如果你是一家提供平台产品或者交易服务的公司，你担心你的投资者会被过多强调一个利基市场的成功在本质上是什么之类的问题所迷惑。在这种情况下，管理者经常会低估他们市场管理的成绩，这就犯了一个大错误。跨越鸿沟是一项伟大的成就，你必定会引以为荣。目标在于宣布主流市场已经接受了你的新产品，褒奖目标利基市场中所有在你周围的传言，并且创造性地将这些理解为你的产品被大规模接受前的预兆。如果你自己不这么做，就等于你敞开了大门，让竞争对手从其他的利基市场中出来，替你完成这样的事情。

最后总结一下我们在保龄球道时期讨论的针对股东价值管理的内容：本阶段的核心观点是关于价值链的创造和对利基市场的控制，两者都可以创造出持久的竞争优势，尤其是对于应用提供商更是如此。对于本阶段的其他人，跨越鸿沟是通向未来竞争优势地位的过渡的临界点。其中，最强有力的竞争优势地位产生于风暴时期。

第 10 章

第三阶段：风暴时期

当任意一个市场部门的实用主义者都一致认为接受一项新技术的时机已经成熟时，风暴时期就到来了——换句话说，当实用主义者开始蜂拥而至的时候，风暴就出现了。它创造的巨大需求远远超过现有供给量，这使得创造该技术的厂商不得不重新改进它们的产品，以适应新价值链的需求。

价值链策略

在风暴时期，形成价值链最重要的市场力量是市场内每一个人的愿望，从最初的客户开始，然后迅速地传到了厂商那里，他们的目的都是尽快地向新模式过渡。这使得在价值链方格中，前面三种群体的地位开始变得突出，如图 10-1 所示。

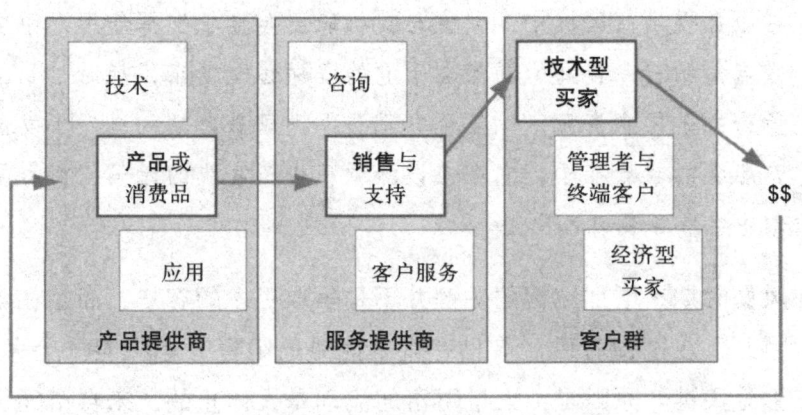

图 10-1   风暴时期的价值链

群体中的每个成员都在标准化的快速应用中得到了良好的定位，并从中受益。

● 位于产品提供商区域中的既不是技术，也不是应用，而是获得了特权地位的产品本身。技术方面的问题使它的延展性过强，让它无法进行大规模的生产。通用的基础设施也因其而不能进行快速的扩增。应用方面的问题在于，它必须适应部门的特定化程序，所以它扩增的速度并不像想象的那么快。相反，产品，特别是被广泛应用的平台产品，是这个技术模式扩增的理想动力。

现在可以确定的一点是，必须有至少一种应用可以首先确保平台产品的购买。但是在风暴市场中，应用对每一个部门来说，必须在本质上是相同的。这样的应用，我们称之为"惹人喜欢的应用"，而且它成了横跨多个部门的关键所在。核算是大型计算机的优秀应用，生产自动化、文字处理系统、计算机辅助设计、电子邮件分别是微型电脑、个人电脑、工作站和局域网的优秀应用。但是在以上每个例子中，不是经销商，而是优秀应用的提供商最终成为风暴时期的大赢家。这是因为就像其他联网应用产品一样，它们会创造出更多的来自市场的产品需求。

- 在服务提供商区域中，销售与支持职能会真正发挥作用，而这次的重点是销售。咨询的弱点在于它的程序过于复杂，耗时过长，并且所需的是稀有资源，以至于它无法促进风暴时期的进一步发展。客户服务的弱点在于，它在应该强调赢得新客户的时候，将力量过度集中在服务现有客户上。

在风暴时期，增加销售的关键并不是争取更多的客户，而是在竞争中获胜。因此，在这种时候，最具有竞争优势的销售力量将能派上大用场，这一点十分关键。原因是：大量财富的流动是无休止的，来自市场份额的长期影响是十分巨大的，风暴时期的销售手段是残忍的，销售的积极性也非常关键。这正是好人无路可走的时候。

谈到支持，关键的问题是赢得新客户，并对他们进行快速但是最低限度的支持，待关系稳定后再转向下一个新客户。剪切加粘贴式的程序越多，它的复制速度就越快，那么你能吸收的客户就越多。这样的推进是为了突出其运营能力，而不是增加客户亲密度。由于它不是一种通常意义上的支持，所以，执行层的重点责任是再次将力量集中于正确的价值观上。

- 至于价值链中的客户，它是将成为关键焦点的技术型买家，而不是终端客户或者经济型买家。终端客户面临的问题是他们必须针对其部门的特定需求来寻找定制化的服务产品。这种复杂的需求不仅与厂商的意愿相反，而且与主机构尽快将新产品推广到公司里每一个人的要求适得其反。这种迅速的推广需要为首次展示的产品确定一种万能的推广方式，而技术型买家对于这一点的理解远远超过了终端客户。现在也并不是试图赢得经济型买家上级好评的时候。一旦风暴开始刮起，他们就会感到有必要让他们的员工去了解新产品，并给他们的技术人员委派工作，其中包括如何选择产品。

当技术型买家被选定为目标客户的时候，他们被迫购买的理由反而刺激了销售量。他们首先要做的一点是要符合市场领导者制定的通用标准。这种市场领导地位首先表现为和其他的市场领导者结成伙伴关系，然后通过市场份额得以确认。这些技术型买家面临的最大挑战是系统的整合，这里，通过在普遍存在的原有保留系统上建立一个标准界面，支持功能可以加快技术的推广速度。

实质上，风暴也是一场对市场发起的抢占风潮，即在实用主义者涌向新技术模式的过程中，为了吸引更多的新客户而进行的激烈战斗。股东价值的递增完全是围绕着市场份额的扩大而产生的。而这时，需要寻求的重要竞争优势模式便是"产业优势"。

竞争优势策略

因为风暴代表了在自由竞争时期一个曾经在生命周期中抢夺市场份额的机会，因此股东和管理者应该将其焦点集中在产业优势中（见图10-2）。

位于产业优势栏中的公司有一个共同的特点，就是它们的能力不仅超过了其直接竞争对手，而且超过了它们的供应商，甚至它们的客户。其原因就是至少在短期内它们所占据的市场份额是不可动摇的。

- 支配者利用运营上的优势来获得市场份额，然后再用获得的市场份额去建立基于供应商和分销商之上的产业优势。之后，他们又将这种优势传递到客户那里，以获取客户的支持。这最终会给他们带来其渴望的优势，而这又能让他们获得更多的优势，其中的一些优势被其小心地传递出去。实际上，随着时间的推移，他们通过大比例地支配市场的成交量而成为实际上的市场创造者。

	供给优势	客户优势	产业优势	品类优势
优化运作	**节约者** BIC、Motel 6、Costco	**满足者** 金考、宜家、西南航空公司	**支配者** 沃尔玛、戴尔、Visa、埃克森	**再造者** 麦当劳、联邦快递、捷飞络、嘉信理财、塞雷拉基因组
客户亲和力	**使人欢欣者** 诺德斯特龙、耐克、Crystal Geyser、Hold Everything	**参与者** 麦肯锡、Martha-Stewart、Saturn、星巴克	**市场创造者** 美林证券、纽约扬基、迪士尼、IBM	**利基市场发掘者** 美国退休者联盟、MTV、硅谷银行、欢乐公司
产品领导力	**让人安心者** 金霸王、索尼、途明、泰特利斯、安捷伦	**优秀者** REI、Adobe、法拉利、劳森软件、Retek	**排外者** 思科、微软、梅赛德斯、诺基亚	**创新者** Palm Computing、苹果公司、Sharper Image、戴姆勒-克莱斯勒
颠覆性创新	**快速进入者** Priceline、E*Trade、网景、Napster	**巫师** 家庭购物网、TiVo、Pleasant Company	**突破者** 亚马逊、时代华纳、高通、安然	**魔术师** eBay、雅虎、Nintendo、宝丽来

图 10-2　风暴时期的竞争优势

- 相反，市场创造者会在增加客户亲和力上花很多精力，以此发展与客户之间可靠的顾问关系，并在价值链上其他的位置获得控制力。在高端市场中，市场复杂性会排挤市场规模，因此他们会利用深厚的理解力来获得优势。在大众市场中，用品牌关系来替代客户在文字上对产品的了解，并建立起由于客户忠诚度的产生而形成的和善关系。在以上两种情况中，其目标都是垄断市场，即让供应商除通过市场创造者进入这个市场之外，别无选择。

- 排外者代表着基于产品领导力的典型高科技产业优势形态。一个单一行业的公司所拥有的产品线统治程度很高，这使得它们的竞争对手至少在现有的技术采用生命周期内无法直接取胜。这种情形再一次让它们建立起其牢固的垄断地位，并使位于这一栏中的所有公司从供应链的其他区域中退出来。

● 最后，突破者会通过与竞争对手置换现有价值链的方式向现有的产业优势发起冲击，这会招致保守派投资者对其价值和可持续性的质疑。就像我们在前面说的那样，从制度化的角度来讲，当这些公司有能力移到格子中非阴影区域中时，这个策略阶段内的不稳定性便不复存在了。但是即使在他们开始尝试突破期间，这些突破者也能够将那些激进派的投资者吸引到其阵营中，并导致保守派的投资者开始为他们的投资进行套期保值。

简单地说，风暴时期的策略实质就是以最短的时间赢得最多数量的客户，并取得所有其他的成就。以下方面是需要优先考虑的。

（1）将精力集中在快速运用和改进"招人喜爱的应用程序"上，这也是实用主义者迁移背后的动力。对于个人电脑来说，这应该是文字处理程序；对于掌上电脑来说，这应该是日历和通讯录等程序。成为精英会让客户很容易做出选择。在这个时期，不要让超预算费用打扰你的精力。

（2）集中精力在竞争中取得胜利上，而不要将重点放在服务客户上。对于客户导向型的管理层来说，这是一条很难做到的原则，但关键是实用主义的客户在最后时刻会青睐于与任何建立实际标准的公司进行合作。无论你有多优秀，如果你不是那种类型的公司，这些客户都将离你而去。

（3）在某些市场份额的争夺战中取得胜利。只有一家公司能成为大猩猩或国王。如果确认这家公司不属于你，那你就要瞄准一个可以进入的利基市场。一旦风暴过后，市场领导者将通过"清理房屋"的方式寻求继续发展；假如你的公司没有牢固的客户基础，你的任务就只能是"打扫房屋"。

（4）赢得价值链的支持。这是赢得市场份额争夺战的延伸。价值链的伙伴会支持市场领导者，原因是它们建立了市场标准。对于处于市场其他位置的公司来说，价值链的伙伴会选择与其合作或忽视它们。

总结一下，实用主义者的偏好决定了市场份额领导权的归属，而他们偏好的是购买市场领导者的产品。也就是说，实用主义者宁愿信赖群体的判断，也不愿信赖自己的判断。这种判断的习惯一旦养成，而某个厂商也以最受宠的姿态出现，那么实用主义者就会自然而然地向它靠拢，当然这会进一步增加这家公司的股东价值，增强它的吸引力。

这种良性循环不但能自发地创造出市场领导者，而且它一旦产生就会马上就位。也就是说，一个市场领导者相对于其直接竞争对手获得的价值链竞争优势在于，对价值链中任何其他的公司来说，忽视它的产品都绝对是一个错误。因此，这样的公司可以获得别人无法企及的销售业绩，并且能创造出竞争对手无法想象的奇迹。由于缺乏竞争，因此不存在降价的压力，这样的销售业绩不但能增加收入，而且可以扩大利润额。简而言之，获得市场份额的奖励是一件很美好的事情，但是如果它不能被你所拥有，那就会成为你的绊脚石。所以我们需要将所有的精力都瞄向市场份额。

股票价格启示

谈到投资回报，风暴时期拥有世界上最强的创造财富的力量。它会造成两种结果，而造成哪种结果主要取决于市场发展是围绕着专有技术还是开放式系统标准。在专有技术影响下发展的市场中，领导者、挑战者和跟随者的角色担任方式如下。

- **大猩猩**。它是风暴市场中拥有专有技术控制权的市场份额领导者。这样的公司可以通过获得价值链的支配力量，以及迫使市场中其他成员为它服务等方式，来创造巨大的股东价值。微软、英特尔和思科都是这样的大猩猩公司。

- **黑猩猩**。它大猩猩的直接挑战者，这样的公司也拥有专有技术，但是没能建立市场实际标准。市场一旦意识到这一结果，就会越来越偏向于大猩猩一边，而将黑猩猩从标准的价值链中驱逐出去。黑猩猩除了退至利基市场之外别无出路，在那里，它们可以让自己成为"本地大猩猩"，并将力量集中在其非标准技术可被市场接受的特殊应用上，因为在这样的应用中，它们为其产品提供了额外的附加值。苹果的 Macintosh 计算机、Digital Equipment Corporation 的 Alpha 芯片以及 Bay Network 公司的 Wellfleet 路由器都是这样的黑猩猩。

- **猴子**。它是大猩猩的跟随者，并得到大猩猩的技术许可，因此可以提供一种低成本的产品，以替代成为与市场实际标准兼容的产品。市场中对价格比较敏感的客户乐意支持整个猴子阶层。但是它们并不固定支持某个猴子公司，所以猴子公司无法获得持久的市场份额。只要有价格更便宜、质量更好的产品出现，市场马上就会倒向它。所以试图购买市场份额的策略都是不可行的。相反，正确的策略应该是抓住机会利用大猩猩产品线中的漏洞，在大猩猩动手填补之前就立即采取行动。日立的电脑主机（克隆了 IBM 的标准）和 AMD 的 K 系列微处理器（克隆了英特尔）都是这样的猴子。

现在我们来看看在一个相对竞争优势的背景下，投资者是怎样评价这些不同角色的（见图 10-3）。

首先看一下大猩猩的巨大市场，正如我们已经讨论过的那样，由于它垄断了新技术的关键部分——没有这项新技术，风暴时期就无法运作，因此大猩猩可以获得很高的 GAP。而且，由于没有替代者，公司拥有很长的 CAP，基本上等同于整个市场技术的 CAP。在写本书时，微软和思科拥有世界上最长的两个竞争优势期并非偶然。

断层地带 ———————— LIVING ON THE FAULT LINE

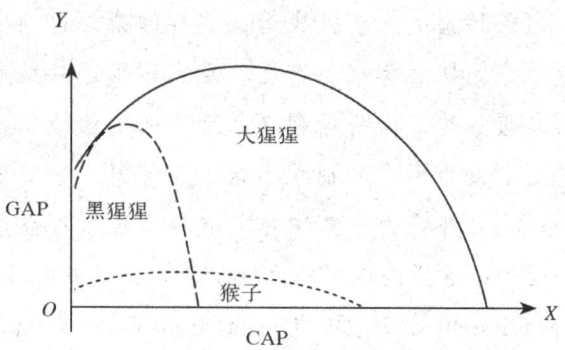

图 10-3　风暴时期的成功对股价的影响

再来看黑猩猩，它有很高的 GAP。这是因为它也拥有没有替代品的专有技术。不幸的是，这项技术不是实际标准，所以它的 CAP 有限。它可以选择扩展到大猩猩没有完全占据的利基市场中，但这样就没有机会面对面地战斗了。

猴子的前景则正好相反。它有很长的 CAP，但是无法创造很高的 GAP。也就是说，由于它的产品和实际标准兼容，所以公司可以从技术的持久性中获益。但是由于它的存在并不是必需的，因此它的高度比不上大猩猩。此外，由于它没有特色的产品，因此也就无法创造任何 GAP，除非降低价格。简而言之，猴子并不适合长期投资者。

相反，如果市场的发展中没有形成专有技术的控制权，那么各层次的竞争动力就会完全不同。这样的市场通常被称为开放式系统市场，为了理解这些市场动力，管理层需要再了解下面的一系列名词。

● **国王**。它是开放式系统风暴时期的市场领导者，这样的公司早就已经在竞争中获胜，现在正在享用市场份额领导权所带来的日益增长的回报。但是和大猩猩不同，国王没有专有技术，因此无法阻挡客户的流失或者竞争对手抢夺市场份额。所以它的位置经常会被别人

150

取代，其价值也就远不如大猩猩。比如，在 PC 市场中，IBM 是最早的国王，然后是康柏，现在则是戴尔。

- **王子**。它是开放式系统风暴时期的挑战者，这些公司的长期远景规划与黑猩猩的完全不同。这是因为王子可以取代国王的位置，而黑猩猩则无法代替大猩猩。开放式系统的市场对王子的接纳是作为一种机制，促使国王保持对其他的价值链需求的敏感性。在 PC 市场，康柏是从作为一个王子开始的，戴尔也是这样，而惠普直到现在还只是一个王子。

- **奴隶**。它是开放式系统风暴时期中的跟随者，由于王子已经成为国王的价格竞争者，因此这样的公司拥有的力量不如猴子，它不得不以一再降价的方式来促进销售。作为一个阶层，奴隶也十分重要，因为它们可以将价格拉低到一个连国王都无利可图的水平。在 PC 市场中，那些由成百上千个转售商装配起来的、没有品牌的"白壳电脑"就是奴隶——它们占据了大概 1/3 的市场。

图 10-4 描述的是开放式系统竞争中各种角色的价值。

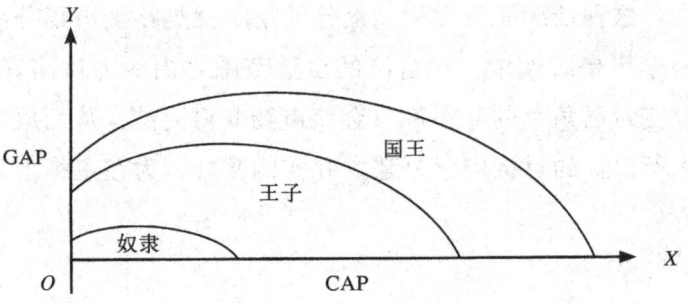

图 10-4　风暴时期的成功对股票价格的影响（开放式系统）

在图 10-4 中，国王和王子的步伐非常一致，而奴隶则相对来说微不足道。在这种类型的市场中，品牌及分销是成功的关键因素。奴隶两者都不

断层地带 ——————— LIVING ON THE FAULT LINE

具备，所以 CAP 的区域非常小。相反，王子可以在任何一个方面与具有领导地位的国王相抗衡。特别是在 PC 市场，开发新的分销渠道会引起在统治地位上的多次变化。首先是康柏运用它的零售技巧战胜了 IBM，然后戴尔又用它的直销方式取代了康柏。在代表 GAP 的纵轴上，由于所有的参与者都必须遵守通用的标准，因此它们都停止了价格竞争，这对所有公司来说都会减少其可得 GAP 的区域，甚至国王也不例外。这种做法对于市场上的所有公司都产生了长期的影响。

但是，当风暴时期完全运作起来的时候，任何人的所得都是因为风暴时期的需求远远超过了供给，要牢记这一点。也就是说，风暴时期造成了一种长期的供不应求，使得每一家公司都可以在这个时期将价格定在较高的位置上。所以一开始的时候，这种公司的股票都会升值，一直到它们之间的竞争自我解决，并且在市场对于不同角色的启示充分被理解之后，股价的调整才会符合图 10-4。

我们总结一下对于风暴时期所做的讨论。本章的重点是在这种机会难得的时期，我们要获得更多的市场份额。在该过程的早期，对于市场的抢占转变为我们讨论过的两种方式中的一种，公司也逐渐确定为上述两种角色中的一种。这种情况一旦发生，最佳的策略就是接受市场分派给你的角色，并在整个风暴时期中，在自己的位置范围之内尽力扮演好这个角色。任何试图改变自己角色的斗争都只会使市场变得混乱，从而放慢了接纳产品的步伐。所以你的目标应该是建立扎实的基础，为在主街上长期发展做好准备。

第 11 章

第四阶段：主街

主街市场阶段开始于促使风暴时期疯狂的市场份额争夺。具有压倒性数量的实用主义者已经选择了他们的厂商，并开始尝试性购买，进入了其多阶段部署的第一个阶段。此时，在细分市场预测的总销售额中，只有一小部分真正得以实现，但是从这时起，市场份额之间的界限变得相对稳定。这对于价值链来说有十分重大的启示意义。

价值链策略

这时候，价值链发生了第四次也是最后一次变化，如图 11-1 所示，此次变化将持续到整个生命周期的结束。实际上，我们一直努力建立的就是这条价值链。

整条价值链发生了关键性变化，即技术采用生命周期发生了从实用主义者到保守派的转变，价值链中的每一批客户群都会受到这种变化的影响。让我们从客户开始讨论。

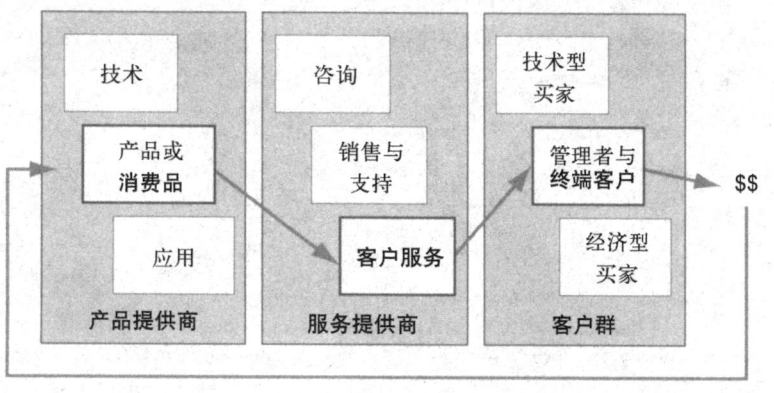

图 11-1　主街价值链

在主街或者日渐成熟的市场中，经济型买家和技术型买家的重要地位都开始下降。经济型买家不再寻求竞争优势，或者说帮助管理者整理零散的工作流程，现在他们所要做的只是将其成本控制在预算范围之内，这是可以实现的。技术型买家也不再关心怎样去管理和延缓对颠覆性技术的引进，现在他们要做的就是遵循现行的标准，这一点也是可以实现的。甚至在客户的圈子内，部门经理这时也觉得新技术并没有什么了不起的，并且认为它应该表现得相当出色（这是一种比较单纯的但是经常存在的观点）。因此只有终端客户，才是真正经常接触这个价值链的人群，才明白有关其运作的全部情况，才能对其进行改进。

如果这些终端客户没有表达出他们的愿望，那么产品就会变成一种完全的商品，他们的采购部门会将"供应商关系"继续推动下去。然而，如果他们表达出自己的愿望，并且得到上层的支持，那么终端客户推动的就是一种"经销商关系"，在这种情况下，公司可以获得更多的利润。我们早已经过了客户将你视为"策略合作伙伴"的时期，这只是限于生命周期的早期阶段。

为了从终端客户的资助中获得更多的利润，公司将焦点转移到了终端客户能直接感受到的价值链方面。在产品方面，这种情况降低了技术、平台产品，甚至核心应用的重要性。所有这些仍然十分重要，但是相对而言，它们更是由技术型买家而不是由终端客户直接感受到的。相反，任何产品都是非耐用品，客户可以轻易地发现其应用层面的任何变化。因此，价格的任何轻微提高都会使毛利润产生巨大变化，例如，在汽车行业中，顶篷就是按照这种方法来运营的。

在主街，经营附件产品和消耗品都是有利可图的，但更赚钱的机会存在于"产品－服务的转化中"，这是所有外包服务的基础。也就是说，客户过去看重和购买的是产品，现在则看重服务——维护系统的责任由客户转回到厂商身上了。这将体现在市场转变的过程中，如从电话应答器到语音邮件的转变、从免费录像带到按收看次数付费的转变，以及从简单的杠铃到健康俱乐部的转变。

负责策划这场转变的主要部门是"客户服务部门"。这是一项真正的挑战，因为这个部门并没有真正组建起来，而且被招募的人员也没有考虑到他们将为公司收益和公司市值做出这么大的贡献。然而，如果公司能在这一点上赚取相当多利润的话，公司就必须重新策划，在这上面下足功夫——IBM和通用公司已经做得很好了——不然的话，它们就可能将市场份额拱手让给那些已经做出转变的竞争对手。

竞争优势策略

由于主街将主要精力放在了服务现有客户上，因此，竞争优势也越来越偏向供给优势，如图 11-2 所示。

	供给优势	客户优势	产业优势	品类优势
优化运作	**节约者** BIC、Motel 6、Costco	**满足者** Kinko's、宜家、西南航空公司	**支配者** 沃尔玛、戴尔、Visa、埃克森	**再造者** 麦当劳、联邦快递、捷飞洛、嘉信理财、塞雷拉基因组
客户亲和力	**使人欢欣者** 诺德斯特龙、耐克、Crystal Geyser、Hold Everything	**参与者** 麦肯锡、Martha-Stewart、Saturn、星巴克	**市场创造者** 美林证券、纽约扬基、迪士尼、IBM	**利基市场发掘者** 美国退休者联盟、MTV、硅谷银行、欢乐公司
产品领导力	**让人安心者** 金霸王、索尼、途明、泰特利斯、安捷伦	**优秀者** REI、Adobe、法拉利、劳森软件、Retek	**排外者** 思科、微软、梅赛德斯、诺基亚	**创新者** Palm Computing、苹果公司、Sharper Image、戴姆勒-克莱斯勒
颠覆性创新	**快速进入者** Priceline、E*Trade、网景、Napster	**巫师** 家庭购物网、TiVo、Pleasant Company	**突破者** 亚马逊、时代华纳、高通、安然	**魔术师** eBay、雅虎、Nintendo、宝丽来

图 11-2　主街的竞争优势

这些公司会想方设法获得双赢，并通过将更多的产品销售给现有客户的方式来达到这一目的。

● 节约者追求的是销售量而不是利润，Costco 就是这样的公司。当 Costco 的客户有向其购买 64 卷厕纸或出现类似的行为时，公司就使用了这样的策略。与其他通过长时间竞争得来的购买人群相比，争取这类客户还是比较实际一些。另一类节约者使用低价策略以吸引其现有客户之外的那些自由购买者，就像 Motel 6 和 BIC 做的那样。

● 使人欢欣者则完全相反，他们是天生的利益追求者。他们销售的是商品化味道较浓的产品——水可能是一个不错的例子——他们会想尽各种办法让人们溢价购买他们的产品。从某种意义上讲，这是一

156

个销售的奇迹区域，在这里，客户在平常购买商品的同时也希望得到观点上的认同，并愿意花更多的钱来表达自己。另外，古董店善于在单一产品的狭窄市场中经营，并在这块市场中确立自身优势，以至于那些利益狂热分子忽视了其他的客户群体。

● 在竞争对手不得不长时间采取打折策略之后，让人安心者则是靠打造其"安心购买"的形象来维持可观的毛利润。通常，他们所吸引的是非核心客户，他们愿意多花一些钱以图个清静。在以技术驱动型市场中，保守型客户更会溢价来购买产品，以便消除他们对技术的担忧；其他的客户则青睐于建立一个品牌，以简化他们的购买决策（并且还要与其配偶的购买意愿保持一致）。

● 快速进入者试图中断这种合作关系，他们通过使用新奇事物来吸引一些其他厂商的鸡肋型客户。当他们抓住了市场的脉搏时，通常会喜欢在销售上来一次"大爆炸"，然后一旦他们的产品不再吸引人，其魅力就会飞流直下。快速进入者的主要工作就是在产品魅力飞流直下之前将产品扶上制度化的轨道，这不容易，但也不是不能做到。

所有这些方法的本质是一种被称为"大规模客户化策略"的产品或服务部署策略。大规模客户化策略将产品分为"表面产品"和"基础产品"。表面产品是终端客户使用的产品。这是产品"客户化"的部分。基础产品则是整个运作中必要的交付工具，但它不直接被终端客户使用。它的目的就是要用最低的成本为客户提供最高的可信度。公司常用的策略是减少产品的多样化而增加产品的统一标准，这样公司就可以增加产品的产量。这是产品"大规模"的部分。

至此，我们应该优先考虑以下的策略。

（1）将精力放在终端客户身上。他们了解"表面产品"，因而是提高产品利润的源头。如今，互联网支撑型的商业有一点最令人兴奋，那就是厂商首次建立起与终端客户之间的联系，并能够直接对他们进行营销活动，特别是对那些呆若木鸡的采购部门。

（2）将精力集中在终端客户的阅历上。一旦进入主街，终端客户会感到对产品的实际利用是理所应当的。现在，它是我们采用的第二项措施，也是值得我们采用的。它能够将研发核心从工程部门转移到营销部门中。

（3）压低生产和运营的成本。在生产方面，压缩成本可以让来自基础产品的表面产品盈利。在运营方面，其目标就是简化销售和服务的中间环节，使它更加便捷，比如说一台 ATM 机。

（4）等到价值交付程序开始时再推出产品的"客户化"策略。这是减少库存成本，以及保证你在不能按期交货时不会用其他产品来顶替的关键。你通常需要重新设计价值链，为服务提供商创造一个新机会，在与客户联系的时候建立起客户化价值。

市场重建的意义还远未实现，这也不仅仅是针对服务提供商而言的。消耗品同样具有传递客户化价值的潜能。比如，想想吉列从生产刮胡刀到生产刮胡刀片的历史，柯达从生产照相机到底片，或者惠普从生产喷墨打印机到墨盒，我们从上面这些例子中可以看到，市场一旦进入主街后，不是核心产品，而是作为"表面产品"的消耗品成为差异化的基础以及高额利润的核心。

股票价格启示

我们对基于主街商业模型中的回报做了这样的假设：市场并没有受到技术驱动型产品的攻击，并且可以预期将以现有的状态无限地持续下去。

在这样的背景下，投资者的回报来自以低成本销售方式所出售的利润适中的产品。只有当你在向一个现有的忠诚客户出售产品时，这一点才有可能实现。主街模型最怕的就是选择了错误的机会成本（被称为搅拌效应）——以较高的销售成本吸引新的客户，却不断地流失现有的客户，其实这些现有的客户才是最大的利润来源。

能够避免这种搅拌效应，并从现有客户中获得最大化收益的公司，会成为下面两种估值类型中的一种，究竟成为哪一种取决于它们遵循的是商品策略还是增值策略（见图 11-3 ）。

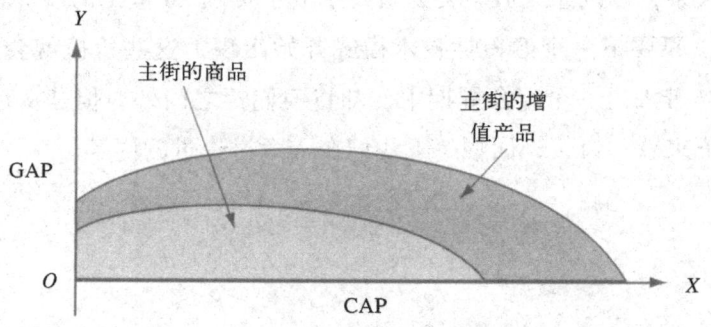

图 11-3　主街的成功对股票价格的影响

在主街，销售商品的公司拥有相对较小的 GAP。在风暴市场中处于最低点的客户优势在主街重新确立了自己的地位，创造出新的谈判优势。不仅如此，既然商品从定义上讲是可替代的，那么它们公司的 CAP 也相对较短（相反，整个品类的 CAP 则很长——在未来一段时间内，我们都将处在带有趣味性的业务环境中）。这种业务的增长是通过降低内部流程成本来实现的，尤其是在基础流程方面，但即使在这里，由于竞争对手也进行了同样的调整，所以节约的成本被转嫁到客户手里，而不是保留在股东手中。

通过实施大规模客户化策略来为终端客户创造增值的产品，是一种防止利润削减的好方法。这种产品适度地增加了 GAP（这代表了终端客户为获得他们真正想要的东西而愿意支付的报酬。它同样创造了适中的转换成本——一旦得到了自己真正想要的东西后，你就很难再回头了），于是CAP也被加长了。这些效果的产生都是有一定临界点的，超过这个点，竞争性的定价将能够并且会推翻这种结果。但是，由于主街上的销售巨大，并且大量由经济利益驱动的投资已经完成了分摊，因此，所有的公司都会在主街赚得绝大部分利润。这也会增加股东的收益。

蓝筹公司就是这样诞生的。几十年后，它们证明自己是一部赚钱机器，伴随着股价的波动性变小创造出适度、可预计的收入，并让利润增长。这些公司的股票，以及纽约股票交易所几乎成了美国20世纪的经济基础。

当然，只要下一个颠覆性技术模式开始出现，这些价值就会处在风险之中，会被带入另一个生命周期中，却将我们拒之门外。但是从现在开始，让我们停下来歇一口气，回顾一下我们在本章讨论过的内容。

断层地带的含义

考虑到这么多种不同价值链的交替，我们已经分析了技术驱动型市场在演变过程中经历的四个不同发展时期。为了比较它们，我们建立了一个能够反映四个市场阶段各个方面的表，如表11-1所示。

表11-1描绘了在技术驱动型市场的发展过程中竞争优势的结构层次图。各个纵列代表市场演变的生命周期的各个阶段，横行代表公司为适应市场演变而对焦点的转变。第一行表示的是竞争优势结构的不同层次，这对每一个市场阶段的影响都是最大的。接下来的三行突出了在各个阶段影响力最大的价值链要素，不同价值链要素之所以在各自的阶段有如此影响力，是因为它们最适合运用某种可获得的竞争优势。最后一行概述了在生

命周期的每一个阶段获得竞争优势地位对股票价格的启示。

表 11-1

	早期市场	保龄球道	风暴时期	主街
主要竞争优势	技术优势	客户优势	产业优势	品类优势
产品焦点	技术	应用系统	平台产品	消耗品
服务焦点	咨询	支持	销售	客户服务
客户焦点	经济型买家	部门经理	技术型买家	终端客户
对股票价格的启示	高竞争优势缺口、无竞争优势期	高竞争优势缺口、长竞争优势期（利基市场）	高竞争优势缺口、长竞争优势期（大众市场）	低竞争优势缺口、长竞争优势期

我希望并且也相信，到目前为止，这些组合背后的逻辑已经十分清楚了。不管公司是否愿意，市场力量都会促使这些组合最终发生。结果，它们描述出了世界"是什么样"的。

然而，即使是匆匆一瞥，我们也可以看出公司为了适应这些力量而需做出必要的转变。不仅如此，能够进行转变的时间也少得可怜。结果，所有的公司几乎都不能真正让它们的策略、计划与生命周期的转变保持同步，这一点并不稀奇。事实上，公司越大、越成功，它努力转变的可能性就越小。

这实质上是个惰性问题。一旦你朝着某个既定的方向迈出了一大步，再改变方向的代价就会超过这种改变所带来的回报。的确，这也会产生问题，但远不如改变行动方向所带来的问题多。时间一长，如果这些问题一直没有得到解决，等到不进行转变的成本超过了进行转变的代价时，结果就确定了。但在此之前，事情还没有完全得到控制，进行转变的时间十分有限，以至于组织在惰性的驱动下根本无法转变，只能一头撞到墙上。

本书剩余的章节将集中帮助你避免这种情况。我们将分成两章来讨论——第5部分"策略重整"和第6部分"基业长青"。"策略重整"是一个医疗术语，是野战医院所做的一种医疗护理，表示对你能够和不能照看的伤员进行时间上的优先性排序，并在时间压力下做出第一次救援。在"策略重整"中，我们假设网络公司向你的市场发起了一场直接进攻，并且制定了一个短期校正程序，旨在影响下一年甚至可能是当年的股票价格。该过程并不是在创造企业赖以长盛不衰的机制的替代品，而是它的前奏曲。好消息是它并没有破坏长期成功，坏消息则是这个过程将会十分痛苦。

与策略重整活动相反，缔造基业长青需要进行文化和行为上的调整，这需要花几年的时间才能确立和显露。所以，第 6 部分的目标不是提高本年度的股价，甚至也不是来年的，而是此后每年的股价。这一章的前提假设是组织能实时根据技术采用生命周期的需求进行真正的调整，假设它们宣布了一种核心文化，并据此进行了调整。事实上，有四种这样的商业文化，其中任何一种都能支持长期的竞争优势，并且为股东创造价值，对董事会和执行官来说，真正棘手的是要从中选择一种，并真正将其发展起来。

LIVING

ON THE

FAULT LINE

第 5 部分
策略重整

当地震发生时，整个社会的基础设施都受到重创，政府的当务之急就是为社会提供紧急援助，使其恢复正常运转。同样的情况也会出现在一家长期拥有竞争优势的蓝筹公司突然受到革新技术的冲击，因而丧失其在传统市场上领先地位的时候。股票价格下跌、分析家叫喊、合伙人背叛、雇员辞职、竞争对手幸灾乐祸、客户推诿、投资者要求采取行动，这些都表明该进行策略重整了。

重整是首要急救原则。它决定了在短期内什么可以被修复、什么不能，它将所有可用资源集中在前者上，目标就是让公司尽早步入正轨。它不是要重整公司昔日的辉煌，也不是重新创造它的过去，而是解决目前令人不愉快的现实问题，并以诚实的态度面对它。

管理层通常不会因为进行重整而获得丰厚报酬，但这正是他们显示其能力的地方。如果行动诚实、果断，那么他们将通过应付危机而在公司内部和外部建立起牢固的关系，这将是取得成功的基础。相反，如果他们因挑战而退缩，那么以后好转的机会就会很渺茫，因为太多的关键资源通过简单的流失方式进行了其自身的重整。

在重整时期，最有用的莫过于一本操作手册，里面列举了要做事情的先后顺序。在本部分中，我们将对公司进行假设案例分析：这家公司在断层地带出现了危机，它建立在技术驱动型市场之中，它是上市公司也是《财富》500强企业，也可能是家喻户晓的；它是处于早期风暴市场的公司，它最终走向成功，并保持了相当长时间的繁荣。如今，它正面临突破性竞争的挑战。

这家公司名叫"蓝筹公司"，在纽约交易所上市交易。本部分的目的是将蓝筹公司放置于以科技为基础的竞争环境之下，并考察其随后的发展。我们将首先研究这家公司在受到进攻之前是如何进行组织和经营的。随后，当它遭到进攻时，我们将观察它会立即做出怎样的重整。最后我们将观察的是，为了使公司重新获得竞争优势，管理层行为会发生何种重要的变化。到本部分结束时，处于类似状况的管理团队应该掌握一套新的管理方法，以及讨论他们在面对这种挑战时所具有的优势。

第 12 章

对基础的研究分析

要理解蓝筹公司在其突破之前的状态，我们需要搞懂一家公司在经历了风暴市场时期，并开始进入主街时所发生的事情。在风暴市场时期，成功的公司将精力主要集中在抢占市场份额上。为了做到这一点，它们围绕直线职能布置工作，仔细分析工作，减少精力分散，使曲柄尽快地运转。而当风暴市场最终趋于平静时，公司就会陷入困境，排名剧烈下滑，股价也受到重创。

接下来会发生什么？这家公司的根基将被动摇，相当一部分员工看到他们的股票期权缩水了，又发现人才市场在疯狂地招聘，于是纷纷跳槽。但留在公司的人则会齐心协力，在主街寻求出路。问题是，现在可做的事情不像从前那么多了，迅速减小规模因此被提上议事日程，公司最终也勇敢地这样做了。

然而，公司并没有进行策略重整，而是继续保留了曾经在风暴市场时期的直线职能组织和直线职能部门。这是一个严重的错误。没有了风暴市场要求其和谐工作的压力后，公司由于缺乏协调性而产生所谓的"烟筒"效应。烟筒相当于受隔离的直线职能，有利于发挥其内部生产能力，但在完成交叉职能任务时表现得非常糟糕。这种组织结构在风暴市场时期并不会对公司产生负面影响，因为流水线的生产量已被提上议事日程。然而，负面影响会出现在公司进入主街之后，因为它对市场变化以及客户需求的反应日益变缓。

在技术驱动型市场中，我们发现有五种典型职能部门可能会发生"烟筒"效应，即：

- 研发。
- 运营。
- 专业服务。
- 销售。
- 财务。

对于技术采用生命周期的不同时期，每种直线职能都有其特有的态度。一些职能部门适合生存在生命周期的前期，另一些则适合生存在生命周期的后期，一旦风暴市场时期的压力减弱，它们就趋向于回归各自适合的区域。这不完全是坏事。实际上，通过对这些职能部门的责任加以混合和搭配，公司完全可以充分适应技术采用生命周期的多数时期，但有一个时期例外。下面将具体讲述这些不同的职能部门是如何自我组织的。

研 发

研发部门在高科技产业中有"发动机"的功能。在其他技术影响型市场中，公司可能本身并不雇用工程师，但会认为任何一种职能部门都既有优化当代技术潮流又有适应未来技术浪潮的特权。

与公司的所有职能部门一样，当研发部门对技术驱动型生命周期所创造的不同市场周期进行调查时，它会根据不同时期的活跃程度来判断该时期是好是坏。我们用图标来代表生命周期的各个时期，看看研发部门是如何理解整个生命周期的（见图 12-1 ）。

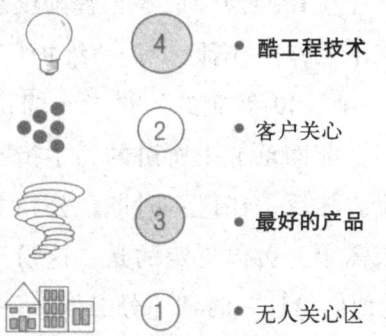

图 12-1　研发

如果你问工程师去哪里寻找下一个项目，他们的回答将是早期市场时期。那里是所有"酷工程技术"存在的地方。这种工作不仅能给他们的个人简历增色，而且可以给他们围在冷水机旁自夸的权利（是的，在硅谷，更可能是围着卡布奇诺咖啡机），这很有趣。这也正是他们上工程技术类学校的目的。所以，在评级时，工程师给予早期市场时期最高分数——4 分，我们用带阴影的圆圈中的 4 来表示得分。

假设公司目前没有属于早期市场时期的项目，研发部门将倾向于其他哪个时期呢？在余下的三个时期中，大多数工程师会选择风暴市场时期，这表明他们击中了竞争对手的要害。为最好的产品而发起的竞争让工程师的肾上腺素不断上升，使得他们即使是在咖啡因的刺激消退之后也能保持良好的工作状态。因此他们给风暴市场时期评次高分——3 分，我们用带阴影的圆圈中的 3 来表示得分。

在说到剩下的两个时期时，工程师的热情开始消退，但他们对保龄球道时期仍有一定的嗜好。因为在市场发展的早期，尽管"纯粹"的工程问题从属于客户特定的需求，但通常会有一些有趣的工程问题需要解决。工程师在解决问题中茁壮成长，因此他们同意将保龄球道时期作为第三选择。这个时期的得分为 2 分，我们用不带阴影的圆圈中的 2 来表示得分。

排除法将我们带入了生命周期中最令工程师厌恶的时期——主街。你知道他们将主街中的技术工作叫作什么吗？"维护！"你见过某位工程师的简历上写着希望找到一个"40 年维护"的工作职位吗？我从未见过，相信你也没有。正如我们在前面章节中所讲的，主街不会为不断改进核心系统性能支付更多的薪金。相反，在这一时期，公司更注重于一项重要的任务——适应客户的表层需求，可以肯定的是，这份工作适合市场专业人员而不适合工程师。因此他们给这一时期评分最低——1 分，我们用一个不带阴影的很小的圆圈中的 1 来表示得分。

这就是工程师如何看待技术采用生命周期对其生活的影响。现在让我们将他们与运营部门人员的观点做一下比较。

运　营

"运营"在这里的含义中包括一系列的职能活动，是我们贡献给市场的所有承诺的价值总和。根据公司的产品是原子还是比特，以及公司出售的主要是产品还是服务，这个词将会有不同的含义。因此，在计算机行业中，运营便是其生产部门；在电信行业，则是系统运行部门；在软件行业，是版本管理部门；在分销行业，则是物流部门。然而，无论是哪种部门，运营都像是摇滚乐队中的鼓手，为公司"保持节奏"，确保它们能够按计划来工作。

168

下面是运营部门对技术采用生命周期的看法（见图 12-2）。

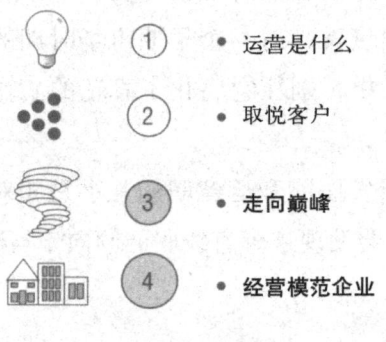

① ● 运营是什么

② ● 取悦客户

③ ● **走向巅峰**

④ ● **经营模范企业**

图 12-2 营运

如果你问运营人员，他们最喜欢生命周期的哪一个时期，那么他们会回答："主街。"为什么呢？因为这是你最终能有效控制事情发展的时期。如今，工艺流程已确定，控制范围已了解，持续改进计划已就绪。我们正在"六西格玛"质量管理的轨道上行驶，这让我们可以在我们的领域中夸夸其谈。幸运的话，我们甚至可能获得鲍德里奇（Baldrige）质量奖章。因此运营人员给了主街一个最高分——4 分。

如果主街不适合，运营部门还会选择风暴市场时期。在这一时期，尽管日子会艰苦，但我们确实很需要运营管理。控制所有涌入"管道"、相互冲突的需求，把它们熔成可交付的商品和服务，把它们运出去并为下一批货物提供空间——他们就是具有运营英雄主义的员工！想想约翰·亨利和他的锤子，运营部门给了风暴市场时期次高分——3 分。

在余下的两个时期中，运营部门更中意保龄球道时期。的确，在这一时期，客户需求受到抑制，没有足够的产量来保证全面的生产秩序，但被称为"柔性制造"的要求相对于生产秩序的需要就非常合适，其产出品也被给予高度评价。保龄球道时期可以得 2 分。

运营人员最不喜欢的就是早期市场时期。从真正意义上讲，这个时期没有运营。一切正处于发明创造之中。流程在很大程度上并不存在，只有极少数被记录在文件中，而且因为改变环境需要再创新，因此它们已经过时了。从运营人员的角度看，对一个早期市场时期的项目来说，最好是将其隔离在"臭鼬工厂"中，别让它腐化了真正的工作。早期市场时期只得到了1分。

我们可以看到，研发职能和运营职能几乎是相对的。当我们转而分析专业服务职能时，我们会发现这个直线职能倾向于与研发职能保持一致。

专业服务

术语"专业服务"意指组织中的任何咨询职能，它帮助客户实现其外包工作，并将其与他们持续的运营合成一体。当然，它的反义词不是"业余服务"，而是"交易服务"，也就是服务外包，是营运部门的职能之一。作为市场震荡吸收体的专业服务部门，将早期客户缓慢引入全新领域。相反，交易服务部门作为一个承前启后的外包者，取消了客户的完全商品化职能，以便他们能够将时间、才智和精力集中在更有价值的事情上。

以下是专业服务部门对生命周期各个时期的评价（见图12-3）。

专业服务部门与运营部门是完全相反的。原因是，专业服务所增值的程度恰恰是运营程序不适合的。因此，占据统治地位的最佳时机是早期市场时期。在这个时期，技术向每个人（如零售商和客户等）提出挑战，同时对系统集成提出了额外的需求，不论它是计算机系统、商业系统还是文化系统。到处都需要变革管理，这正是专业服务部门所能提供的服务。因此，早期市场时期得到了最高分——4分。

4	● 高价值项目
3	● 利润可观的生意
2	● 利润微薄的生意
1	● 无人问津的生意

图 12-3 专业服务

有趣的是，尽管早期市场时期让专业服务组织收取了最高的费用，但其最佳盈利机会却出现在保龄球道时期。这是因为，一个市场是围绕公司的垂直部门形成的，它们都旨在解决同样的问题。结果是项目、可获得的知识和因而增加的生产力之间的共性增大了。同时，问题仍有相当的挑战性，足以使专业服务组织保持较高的利润。然而，具有讽刺意味的是，在这一时期，专业服务组织的项目定制导向会让他们提供过于固定化的服务，从而削减了其利润。不过，他们做得还是相当不错的，他们给了保龄球道时期 3 分。

如果说保龄球道时期比看上去的实际情况还要好，那么风暴市场时期则恰恰相反。一看就知道，众多新的商业机会显得颇具积极性。但是，当风暴市场时期显现时，客户对完成工作的成本和时间变得日益敏感。公司被要求准备好违约解决方案。这是针对专业服务核心增值项目模型工作的，随着时间的流逝，这种服务一定会退出风暴市场时期并进入一些新生命周期的早期市场时期。因此风暴市场时期职能得到 2 分。

同样是因为对风暴市场时期感到不适应或类似的物质原因，让专业服务组织更加不适应主街。在主街，市场期望有足够的解决方案可供选择，而不需要咨询部门去实施。客户可能欣赏额外的服务，但不希望为此付出太多。所以，专业服务组织给主街最低的 1 分。

断层地带 —————— LIVING ON THE FAULT LINE

如果说专业服务人员和研发人员都倾向于生命周期的前几个时期，而运营人员则得益于主街的话，究竟谁会在风暴市场时期居于王牌地位呢？还需要问吗？

销　售

为了回答这个问题，我们假设蓝筹公司正尝试各种直接和间接的销售渠道，从创造最多收入的销售渠道中挑选高级管理人员。下面是这些管理人员对生命周期各个时期的看法（见图 12-4）。

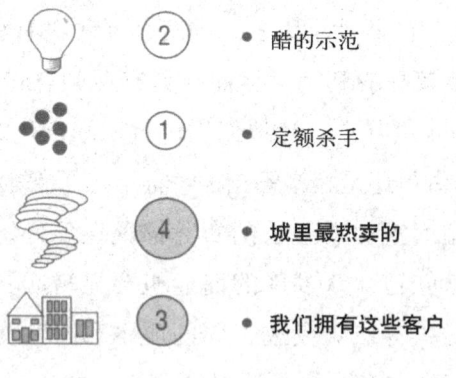

图 12-4　销售

我还没有遇到一家不喜欢风暴市场时期的销售公司。这就像一帮渔夫说："嗨，真没意思，今天的鱼太多了！"可以肯定，风暴市场时期吸引了广泛的市场关注，因此，比赛虽多，但选手也多。这就造成了过分竞争的局面，但这也是大销售组织最喜欢看到的。胜利带来了进取心、聪明才智和毅力——都是 A 型行为，正是这种能量激励公司的其他人，给这些人分

第 12 章 对基础的研究分析

配工作并让他们走出大楼。因此,销售人员给风暴市场时期打 4 分。

如果没有风暴市场时期,销售人员将选择主街,不是因为它具有挑战性,而是因为这是一笔好买卖。在这个时期,客户相对而言被迷住了,竞争戏剧性地减少了,而销售的可预测性增大了。这有点儿像在蓄水池塘中捕鱼,而且鱼的味道还不错。所以,销售人员给主街打 3 分。

剩下的两个时期都不会对销售人员特别有吸引力,但至少早期市场时期可能会有很酷的示范。它有两种用途。有时,销售人员可以用很酷的示范来吸引游荡的空想家客户,并与其签订重要合同。有时,销售人员只是用演示来作为接洽当前客户的窗口,向客户展示新产品,让技术人员大为赞赏一番,然后让他们坐下来与保守的经理商谈,无论已经卖了多少产品,他们都设法再多卖出一些。由于这一增值功能,销售人员给早期市场打 2 分。

最后就剩下保龄球道时期了。如今,保龄球道时期第一次在整个生命周期的各个时期中不算最坏的——至少比鸿沟时期较容易达到定额。但是一旦一家公司已经过了风暴时期而进入了主街,保龄球道时期就变成了"定额杀手"。也就是说,与主街相比,销售人员对保龄球道时期的抵制更大一些,实施解决方案的难度更大,销售期也更长一些。另外,在这次冒险中需要保持领先的产品领导权正在远去,或者是对主街的自然厌倦,或者是作为运营佳绩中成本降低的一部分。更多的是,你的现有客户并不是这些产品的追随者。他们现在变成了保守派,会给你的公司施加压力,要求增强现有产品的质量,而不要分散资源去开发新产品。即使销售职能部门要给予销售人员定额减免,让他们承担此挑战,但同其他时期销售的可能方式相比,这也只会让收益更小而风险更大。

所以,保龄球道时期仅能得 1 分。而且,如果我们说这是技术采用生命周期中一个有重整需求的时期,读者应该不会感到奇怪。然而,在研究这一问题之前,我们还是先看看第五项也是最后一项职能对其看法吧。

173

财　　务

通常，财务部门对生命周期各个时期的看法与运营部门是一致的（见图 12-5）。

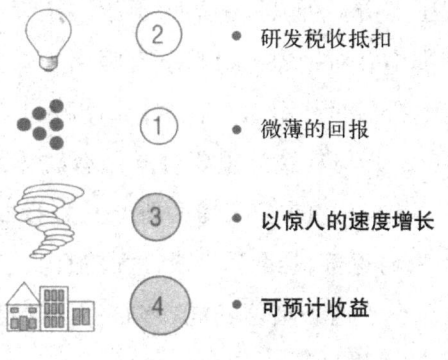

图 12-5　财务

对于财务队伍而言，主街相当于正常状态。市场增长平缓但幅度相对可以预测。竞争激烈但可以预测。产品和运营方面的改进都是可持续的，生产力的提高最终带来了收益，总体而言，至少能够提高每股收益。主街的股票由其市盈率来决定，这会令投资者十分高兴。主街没有任何惊奇之处，足以从财务部门得到最高的 4 分。

下一个是风暴市场时期。可以确定，从财务学的某个角度看，风暴市场时期可能比主街更好一些，但当你考虑到额外的不确定性和波动性时，结果就不同了。好的一方面是报表最顶端的数字处于非常健康的状态，并以惊人的速度不断增长。不好的一方面则是损失像盈利一样经常出现，现金流可能就是一场噩梦。然而，如果遇上那些注重"价格销售比"而非市盈率的投资者，公司在风暴市场时期还可以获得史无前例的价值高点。所以，财务部门给风暴市场时期打 3 分。

有趣的是，早期市场也得到财务部门的支持。出色的财务人员知道你

第 12 章 对基础的研究分析

必须投资于未来以保持持续的关注。他们知道必须有一个保护区域，在这里，利润负担可以在孵化期得到抑制。此外，研发也赢得了税收减免。早期市场时期因此得到了 2 分。

不幸又出现在保龄球道时期。从财务的角度看，利基市场投资的经济性不能简单加总，当然相对于蓝筹公司规模而言，孵化期结束，就轮到新经济单位贡献其收入和利润了，这对股价会有影响。但是一个利基市场策略是不会在整个收入过程中占有重要地位的，时间和精力的投入似乎与投资回报不成比例。所以，财务部门给保龄球道时期打 1 分。

最终结果：再次陷入鸿沟之中

现在，当所有的直线职能都被允许对其偏好而有所侧重时，公司职能部门依靠其自我组织，在四个生命周期时期中支持了其中的三个。图 12-6 反映了整个情景。

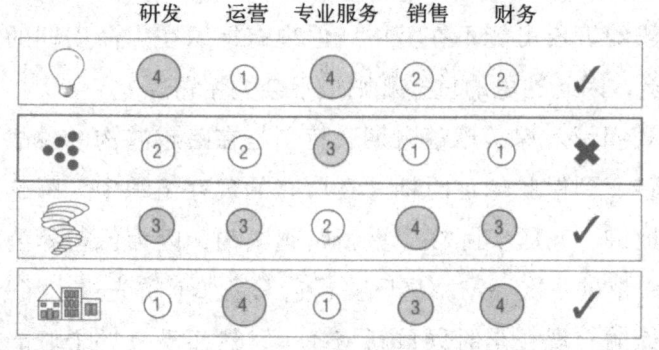

图 12-6 整个生命周期

风暴时期是得分最高的（总计 15 分）。由销售部门带领，其他职能部门围绕在它周围。的确，除了高度定制的专业服务之外，很难想象有哪家公司会抵制风暴时期。所以，这时没有重整的需要。当然，这时确实有一定的挑战，特别是当公司已经走出风暴市场一段时间之后，它就像一位老兵，热情又重新燃烧起来。

主街获得了第二名（13分），但我们看到排名出现了分歧，在研究之后我们会发现其中有冷静的含义。好消息是，有两项领导性的强大直线职能部门——运营和财务——能够把组织联系在一起。透露出的信息是，我们不再需要彼得·潘（Peter Pan）先生，也不再处于早期市场时期了，而且不再凭感觉行事了。我们已经是成年人，做事也该成熟了。因此程序到位、步骤紧随，人们也放慢下来（组织在上面多加了些砝码），生活照旧。可以肯定，恒星一样的主街的表现需要更多建设性的措施，但从重整的角度看，既然没有破裂，就不用修补。

有意思的是，早期市场时期与主街得分相同（也是13分），因为这是当运营和财务人员接管公司时公司其他职能部门人员退守的领地。特别是，不论管理层怎么看，工程师很喜欢这一时期。当销售人员不能主动地卖出下一件大产品（展示它，可以；卖掉它，不行）时，就可以依靠专业服务人员的帮助来完成这一交易过程，因为这样一笔交易将使他们忙很长时间。另外，恒星般的表现可能不在其中，但现有组织在生命周期的这一时期没有直接的风险，因此这里的重整规则也不会关注它。

这就将我们带入保龄球道时期，特别是在跨越鸿沟的挑战下——从早期市场时期转变到保龄球道时期。在所有的现存组织中，跨越鸿沟一再发生。更确切地讲，问题实际在于重新跨越鸿沟，因为像蓝筹公司这样的组织以前至少跨越过一次鸿沟。这反映了它们是如何首先进入风暴市场时期，然后进入主街的。现在是时候重新演绎了，然而没有哪个职能部门支持再次跨越鸿沟。那些曾经完成此举的人员都已不在，这时也不能再指望什么"机构记忆"了。

认识到这个含义令人心寒。如果没有人拥护这种努力，就没有创新的研发能让公司跨过鸿沟。这意味着对颠覆性技术进行的研发投资在本质上都是无效的。今后，跳跃式的创新必将出现，但只会为其他公司带来风暴市场，蓝筹公司将追上这些开拓者的努力，但不会亲自充当先锋。在最好的情形下，这意味着蓝筹科技能够成为一个开放市场上的王子，也许未来还会成为拥有巨大权力的国王。但在最坏的情形下，它后来可能变成一种黑猩猩技术标准的猩猩博弈，会受到黑猩猩技术以外任何标准的市场排斥而崩溃。这两种情况都没有上限可言。

一旦这种现象与当前客户日趋保守的实际做法结合起来，就会使公司停留在老一套上，产生一种氛围，经理们就会认为承担技术风险是不明智的。实际上，这是关联业务——或者由旧的核心业务转变而成的关联业务——对旧的核心业务的超越。在这种环境下，他们宁愿根本不去承担任何风险。

这是末日的开始。在这种环境下，优秀人才离开了，公司又无法招到优秀的新员工加盟，整个员工队伍变得愈加虚弱，失去领导性和机智。在一段时间内，它看上去一切都还好，因为现有客户都很忠诚，而且所提供的产品也确实是有价值的。当然，某个人可能会说：一些边缘的新客户将会选择新技术，但那样未必会有利润，而且客户对我们现在的产品仍有足够的需求。但是，另一个技术浪潮迟早会到来，到那个时候，处于现有位置上的所有脆弱之处都会暴露无遗。这时重整将非常有效，也非常必要。

我们可以用更简洁的话来说明重整问题："主街公司的内部直线职能部门会主动拒绝公司采纳任何未来的颠覆性技术。"正如伯格（Pogo）在很久以前所说的那样："我们的敌人正是我们自己。"在蓝筹公司中，我们可以想象它正在上演下面的一幕。

（1）与其对主街的偏好一样，运营和财务部门已经控制了采用财务指标进行管理的公司和机构。损益已经成为判断成败的基础，资产回报率也成为衡量可供选择投资决策的关键指标。而资产回报率主要由短期、可预测的销售量决定。这导致了投资决策对 GAP 的敏感性较高而对 CAP 的敏感性较低甚至没有。因此，CAP 一直在不知不觉中让步于 GAP。蓝筹公司的确达到了其盈利指标，但问题在于，它没有投入足够的资金去追赶下一次巨大的技术浪潮。

（2）当公司在这一点上受到挑战时，运营和财务部门否认了其有效性，反而指出：公司给研发部门投入了大量资金。研发部门也未对此表示异议。它还表示，公司的生产线上有 16 种不同产品，而且在当前销售的产品中，有 40% 以上是过去三年生产的产品。我们是健康、有活力的机构。摩尔对我们的批评并不恰当。

（3）然而，营销部门则站在另一边为摩尔说情（这是一项经常发生的职业限制行动）。该部门发现新产品是对现有产品连续不断的创新。它们并不能满足新技术浪潮的需要。说到新技术浪潮，问题不是缺乏新产品——对于研发部门来说，一直有新产品被创造出来——而是我们公司不能凭借它们来跨越鸿沟。它所需要的是对额外"市场开拓"的投资，而不是研发。然而，所有其他直线职能部门则认为，营销部门的说法只不过是为了掩饰其获得更多部门预算的企图，因而要求营销部门停下来。

（4）销售部门被要求出来做证。他们大胆地向每个人保证，摩尔的观点是大错特错的。让我们来看看数字吧：销售收入处于历史新高，利润额虽然有所下降，但仍然很好。我们需要保持现状（销售部门没有说明的是，这其中包括销售补偿计划，这个计划是在风暴市场时期需要通过继续支付适当的佣金来赢得市场份额的，但在主街，为了使产品更加令客户着迷，它就显得有些过于慷慨大方）。

（5）专业服务部门也被要求出来做证。他们不情愿地指出，客户实际上并不会那么快地采用新技术，但是他们接着说，他们自己的订单从来没有那么多过，尽管其中大部分是为了帮助公司把他人的技术整合进公司总资产系统中。研发和销售部门这时都抱怨专业服务部门并没有帮助他们改善新产品。服务部门却反驳说自己必须保持一定程度的中立以取得客户的信任，何况卖产品是销售部门的工作。接着又是一轮唇枪舌剑，直到最后管理层叫停，并开始组织讨论下一个议题。

与此同时，当这一熟悉而漫长的董事会议艰难举行时，另外一系列的会议也在华尔街同时进行，这对蓝筹公司而言可不是什么好兆头。

地　震

当蓝筹公司的"烟囱"职能部门之间发生争议时，该公司的投资银行家及财务分析师正同一些将开始下一次巨大浪潮的创业公司举行会谈。与会双方都希望通力合作，以完成首次开发，投资银行从中可以获得不菲的佣金，而创业公司和风险投资家也将获得巨额的资本收益。在这些过程中，财务分析师开始通过创业公司的商业计划，判断当前市场领导者所面临的风险。他们对此做了记录，要放在蓝筹公司下一次季度会议上提出。

蓝筹公司管理层与创业公司的计划并没有个人利害关系，并准备在参加下次会议时讨论当季数字。当有人提出市场受到一个新季度威胁时，管理人员根本就不能明确地做出反应。首席财务官（CFO）说，让我们研究一下，回头再答复你们。当这种情况第一次发生时，财务分析师在一定程度上是可以容忍的，他们可以保持沉默，把问题推延到下一个季度。但两三个季度之后，仍没有收到来自蓝筹公司的确切答复，于是这些财务分析师开始打破评级，将该公司从受青睐的"强买"等级降为冷淡的"买入"，或更为冷漠的"积累"，甚至冷冰冰的"持有"等级——于是蓝筹公司的股票价格开始下滑。即使财务分析师没有打破评级，蓝筹公司的财务数据一旦不能达到预期目标，它的股价也会以相当惊人的幅度贬值，这将作为解释其竞争优势恶化的一种弥补。

当股市开始纠正偏差时，蓝筹公司的管理层非常惊骇。市场究竟为何信任那些既无利润又无多少收入的创业公司，对我们这种二者兼备的公司却如此苛刻呢？因为公司管理层完全排斥真实答案，这个问题便显得有些多余。然而，读者到现在应该明白，市场仅仅追寻"品类竞争优势"的轨迹。具体来说，市场看到了现有技术正在恶化的CAP和新技术正在增强的GAP，预测两者会在某一时间点上交叉。经过该点之后，市场信任那些具有进步优势的挑战者，而对那些现有公司的股票大打折扣，以弥补二者之间的差距。

这个问题没有解决办法。因为竞争优势就像传统的财务会计一样无情和冷漠（要是按照目前的流行说法，还不止这些）。市场对账面上的调整可能来得比较缓慢，但其结果使开始修正时的调整更为歪曲。简而言之，断层地带已经转移，"地震"已经发生，公司已经极大幅度地贬值。现在的问题是，蓝筹公司如何做出反应？

接着，让我们假设一下最好的情况。管理层已经经历了磨炼，并且决心已定。它决心不惜一切代价来恢复股东价值。那它现在需要做什么呢？

第 13 章

重整直线职能

在短期内，没有时间改变或调整策略。重要的是，蓝筹公司如何迅速地将资源转向市场中的核心增值职能部门。从短期应急措施来讲，蓝筹公司应该培养员工队伍去填补价值缺口。要达成一个快节奏、有成效的实践结果，就要决定什么是"核心"环节、什么是"辅助"环节。问题就摆在我们面前：我们必须通过增加专注度来获得动力，因此要决定应保留什么、放弃什么。

要回答这一问题，每一项直线职能管理团队必须迅速定位当前的资源分配，然后决定接下来该如何进行再分配。下面介绍如何开展该项工作。

研发部门的重整

说实话，对于部门自身和公司股东的利益来说，研发部门一直致力于早期市场时期的研究工作。然而，由于蓝筹公司不能跨越鸿沟，这些努力都没有使其成功地进入主流市场，因此为了保持它的市场份额，研发部门将其剩余的资源分配于两方面：在目前的主街支持现有技术，以及通过最优克隆的方法来努力赶超其他公司在风暴市场时期的技术水平。结果，蓝筹公司在很长时间内并没有首先与任何新技术进行市场接轨，以至于它已经失去曾经对市场的影响力。在一段时间内，它既没有得到最好的生意也没有享有曾经拥有的额外收益。因此，公司比处于同品类中更重要的市场领先者更容易受到颠覆性创新技术的冲击。

从重整的角度看，既然混乱已经发生，公司有两个选择。第一个选择，是它可以认定，公司已经没有时间来跨越鸿沟，便用文字将所有正在进行的研发记录下来。在短期内，它将所有用于早期市场时期的资源转向即将来临的、基于竞争环境下新技术为主的风暴市场时期，再次扮演市场追赶者的角色。但结果欠佳——因为这从来不是蓝筹公司的特长——不过它将能够减少突如其来的伤害，并会打消客户和合作伙伴对公司不能渡过难关的疑虑。当从长期考虑时，公司应该在新兴市场中得到一个受尊重的市场地位。

第二个选择，是蓝筹公司可以提高它在早期市场时期阶段的项目的地位，把公司的未来寄托在创造未来优势之上。按照这一思路，在风暴市场时期，它将停止对客户所做的技术工作，转而进行跳跃式的创新。这的确是一个投机的行为，但是如果成功了，收益也会非常丰厚。然而，从客观角度来讲，从最坏转变到最好的可能性通常较小，管理层一定要十分小心，不要仅仅为了抚慰受伤的自尊心而采取这样的措施。

虽然两个选择都不是很吸引人，但这是多年来为了抵制创新所付出的代价。为了使其他直线职能部门完成余下的重整工作，我们假设蓝筹公司采取了第一个选择。接下来，我们回顾一下公司如何采取第二个选择来重新跨越鸿沟。

在第二个选择中，为了在资源上支持重整的转变，处于主街的产品研

第 13 章　重整直线职能

发工作必须被大幅削减。总之，这项工作必须尽快被重新定义为辅助和外包的职能。直到管理层把它从公司中完全剔除之前，它的惯性都将不可避免地阻碍改变路线或速度的所有努力。作为转变的一部分，蓝筹公司应该支持营销和客户服务部门的领导，支持他们旨在选择产品外观的积极性，并将精力集中在为了削减成本和保持其可信度的外包研发上。

研发部门重整的清单

- 否定或促进正处于早期市场时期的创新。
- 追赶处于风暴市场中的技术，或者说跨越鸿沟。
- 现在就将处于主街的产品维护工作外包出去！

运营部门的重整

运营部门重整的主要任务是把公司其余资源从无数辅助性营运业务中释放出来，不再让自己纠缠其中。工作的目标是解放更多的资源用于核心业务。行动方针是立即、勇敢地进行外包。

重要的是在这一点上，重整所面临的问题是不能通过缩减规模或者重组来解决的。需要充分利用的稀缺资源是"时间""人力"和"管理层的注意力"。缩减规模或者重组并不能减少其对这些因素的需求——实际上，它每次还增加了这些需求。因此，虽然一轮裁员理论上可为现金流提供直接的运转空间，但并不能解决根本问题。只有外包才是真正的补救措施。

也就是说，"迅速地外包"这个概念几乎是前后矛盾的。就如同我们在第 2 章提到的，多数辅助性的流程都被保留下来，原因是它们同样具有重要的使命，因此不能被强迫性地外包出去。公司要通过自身来保持对辅助

183

业务的控制，以确保所有的工作都符合公司的流程。即使在外包之后，公司也必须保证能够监控程序的健康发展，这是因为任何开发上的问题最终都可能会影响到它们。这涉及大量的细节。

在运营部门的重整中，蓝筹公司必须为运营工作指派最适合的运营管理人员。反过来，他们在工作中应该最不容质疑以及最大限度地相信外包公司的能力。在短期内，工作将在无须控制和透明的系统下进行转移，因此双方都必须致力于：① 短期内为这个交叉点职能配备足够多的人员，以保证有足够的人手来弥补这个系统；② 合作设计和执行这个必要系统，让它尽快走上正轨。

不用说，这是控制过渡期最廉价的方式。确实，任何吝啬都会引起犹豫和抵制，这将是重整时期出现的可怕结果。蓝筹公司和其外包公司必须精诚合作，不然就会在工作流程上出现风险，因为这时已经没有时间用比较安全的方法来解决问题。要让外包公司诚心诚意地工作，蓝筹公司就必须以一种奖金服务的形式，来为高价值资源支付报酬。

这就像苦口良药一般。现金储备和成本削减的问题都已经摆在了桌面上，蓝筹公司很少能够完全控制这两个方面，而且因为达到这两个目的还需要进行大幅度的让步，它必须能够进行自我控制。为什么？因为这就像心脏手术一样，无论如何，它不可能节省开支。

可以肯定的是，接下来，外包必须采取为关联职能提供系统的成本削减措施。这些措施是保持现有技术产品利润的关键，并为新市场开发提供运营资本。但更重要的是，外包能够在短期内迅速、简便地进行。一切皆有变数，管理层最后担心的一件事就是在手术之后，轮椅又出现了问题。

运营部门重整的核查清单

- 在公司中推动核心业务而非关联业务。
- 管理除研发部门外一切关联业务环节的外包。
- 首先注意安全地转移责任而非削减成本。

专业服务部门的重整

作为蓝筹公司的咨询力量，专业服务部门发现它处于一个特殊地位。实际上它有对风暴市场时期的巨大需求，但这种需求建立在把一些其他公司的热门技术整合到蓝筹公司已经建立的总资产体系的基础上。因为公司正遭受攻击，管理层可能太关注收入而忽略了很重要的一点：这些工作都不会提高公司的股票价格。股票价格具有确保可持续性竞争优势——竞争优势缺口（GAP）和竞争优势期（CAP）——的功能。这一点只有当专业服务部门帮助蓝筹公司优化其自身的技术和产品时才能获得。

专业服务部门面临的重整问题是，蓝筹公司自己的产品对于服务来说处在了最有价值的时期，也就是说，如果生命周期太早了——它就将陷入早期市场一边的鸿沟，或者是太晚了——这将错过主街。这里所需要的系统性纠正是更好的跨越鸿沟的行为，我们将在本章后面谈论这一话题。然而在短期内，专业服务部门都在蓝筹公司的保护之下，不论他们身在何处。

因此，如果公司在风暴市场时期扮演追赶者的角色，那么这家公司需要提供一些打折扣的服务，通过这种方式，它可以为那些尚无竞争力的系列产品创造一种暂时的竞争优势缺口。如果这家公司决定从研发活动开始创新，那么它不得不将其努力优先放在使新技术成功地跨越鸿沟上。在这两种情况下，公司都不应把销售收入和利润作为适合的目标或者正确的标准。

换句话说，专业服务部门应该使自己成为可替换资源，这种资源能够在实际上支持公司采取的任何关于竞争优势的策略。其中，重要的是确保公司将资源用于核心业务而非关联业务上。说得更明确一点，就像我们前面说过的那样，"对核心业务所做的无收入工作"比"对关联业务所做的有收入工作"更能创造股东价值。

专业服务部门要特别注意的情况是：销售部门在紧张的压力状态下指派的定额，由于公司现有产品的积压而无法完成。在这种情况下，销售部门常采取提供"随机服务"、出售早期市场项目的方法，来支持其他公司的跳跃性创新活动。这是笔赔本的生意。它对专业服务组织几乎没有利润可言，也不利于巩固公司的竞争优势地位，而且它还可能会加强潜在竞争对手的市场地位。当然，这种项目是受服务部门人员喜欢的，其收入数字也是财务部门渴望的，但事实上，这是有害收入，应该尽量避免。

专业服务部门重整的清单

- 识别出公司最具市场主动性之处并集中资源于此。
- 基于这些主动性的成功之处重新设定绩效标准。
- 不要陷入将追求收入和利润作为基本目标的决策中。

销售部门的重整

当"地震"发生时，销售部门是所有职能部门中最需要重整的，但同时它也是最抵制这种改变的。它错误地将大部分资源用于主街，而蓝筹公司需要的是，在产品生命周期的早期阶段，将资源重新配置于更具竞争力的获取客户的努力之中。这种抵制是组织结构的一种功能，同时也是销售补偿计划没有与价值变化保持同步的结果。

以重整为目的的修补方案是，把成熟的产品从高成本移向低成本，并相应地将高智商的销售人员的任务由保留客户转向获得新客户。根据改变所需的范围、严重性和紧急性，销售管理层要在下列逐步升级的干涉措施中做出选择。⊖

⊖ 我非常感谢 Mike Meisenheimer 和 Jim Triandiflou，他们是 Ockham Technologies Inc. 公司的执行官，这是一家位于弗吉尼亚亚特兰大的销售管理软件公司。我要感谢他们通过新技术采用生命周期各个阶段为管理销售组织提供的初步升级模型和基本构架。

（1）**告知**。对于细微的变化，可以告诉人们需要做的是什么，并指导他们，使他们的表现与新指示保持一致。

（2）**平衡**。对于更为重要的产品——这种产品地位很高，但其变化的幅度将影响到对新渠道的建立或对现有产品修改的补偿——可以用当前渠道的销售成功去平衡期望中的新销售行为。可利用具有等级性的财务经营报告作为推进新行为的主要动力。

（3）**补偿**。对于更加重要但渠道变化所花费的成本比所创造价值高的产品，需要改变偿付报酬计划，奖励新行为、惩罚现有行为。

（4）**重新定义工作内容**。这在渠道变化中是较为有效的。现有团队成员可以在保持现有工作的同时更换产品，或者在保留现有产品的同时更换工作，但他们不能保持现状。

（5）**更换人员**。这是在销售队伍的成员不能应付上述几种选择时采取的措施。

实施这些逐步升级的措施是销售管理者的工作。一个具有挑战的原因，是销售主管人员通常会将其个人成功归功于下属。在他们背着太多的"关系债"而不能严格执行管理职能时，这很容易发生。这时，蓝筹公司的高级经理人员应介入其中，并更换队伍的高层领导。

这不是个人行为，而是与股票价格息息相关的事。不更换下属队伍，现有的销售渠道会阻止与客户的联系，并抵制任何来自新产品的支持。其他没有受到此渠道困扰的公司，会跟在蓝筹公司的销售队伍之后介入进来，围绕新领域开拓新市场，从而夺走了客户和老化的产品生产线。长期下去，蓝筹公司将一无所获，也不会从中收益。

销售活动重整的审核单

● 重新定义主街的工资标准并使之与员工相匹配。

● 授权一个新团队来应对新客户。

- 如果需要的话，改变分销渠道以推动变革行动。
- 如果需要的话，更换做这项工作的人员以获得动力。

财务部门的重整

财务部门的核心工作，是通过改变方法和向管理层提供有利于其管理股东价值的反馈来帮助蓝筹公司重新调整它的目标和标准。在主街，长期的定额导致了追求盈亏的目标导向，但在面对重整的挑战时，这一观点是有负面影响的。在这个时候，财务部门必须帮助管理团队集中精力应付竞争优势的危机，其中大部分源于与华尔街在对原品类变化认识上的沟通。第1章和第9章中对于财务部门的整个讨论，都倾向于为类似的沟通提供信息基础。

在进行所有这些活动的同时，财务部门中的另一组人应该与那些将停留在主街进行商业活动的人员保持内部联系。这组人一定会保持着对标准损益尺度的重视，原因如下：首先，季度底线越好，投资者越容易谅解蓝筹公司在新竞争中的暂时落后；其次，主街市场运营活动对运营资本的贡献越多越好，因为投资者提供同一资本的积极性是毫无意义的；再次，通过把主街运营活动的双脚放进火中，财务部门将帮助加速公司对于关联业务的外包，这对于将公司拉回正轨并重新跨越鸿沟来说有非常重要的作用；最后，值得注意的一点，是财务队伍必须支持关联业务的外包，一方面是为了减少惯性，另一方面是为了减少成本。也就是说，即使这样做有种种好处，公司也不应该强制性地过快推行成本削减计划。

财务活动重整的清单

● 将内部导向从损益标准转向 GAP 和 CAP。
● 主动放松对变化的财务控制。
● 对主街的运营活动加强财务控制。
● 不要立即对关联业务的外包强行设定削减成本的目标。

小 结

关于重整，有太多需要注意的问题。这里有一些实践的步骤用来止血。它们意在给蓝筹公司充足的时间，使其可以更直接地做出重新跨越鸿沟的努力。就像所有急救的形式一样，越早采取措施，病人就能越早康复。然而，最后需要说明的是，尽管到了临界位置，但是直线职能的重整并没有解决任何长期问题。它可以做的是将公司带出危险的范围，并给予它一定的时间重组和重新定位。在技术驱动型市场中，这意味着蓝筹公司自身迟早要进行跳跃式创新，使它们跨越鸿沟来争取主流市场份额。因此，现在我们不得不转入下一个章节。

第14章 ——————————————

重新跨越鸿沟

重新跨越鸿沟对于蓝筹公司持续跨越多个技术采用生命周期来说，是做出了又一个新的重要安排。重新跨越鸿沟是围绕以下四个基础行为来组织的，而它们都是公司必须采取的：

（1）使公司董事会集中力量于真正的挑战上。

（2）组建一个甘于奉献的跨越鸿沟团队，使其集中精力于适当的目标和标准之上。

（3）瓦解徘徊的抵抗力量。

（4）不要仅击倒了一个瓶就停下来。

接下来，我们将用详细的描述来解释这些行动。

让董事会专注于更新是真正的挑战

在重整过程中，90% 的成功源于正确区分了问题的优

第 14 章 重新跨越鸿沟

先次序，好在我们已经这样做了。我们已经毫不掩饰地说："笨蛋！重要的是重新跨越鸿沟。"当然，这足够使每个人注意了。这是个好机会。

在商业活动背后，惯性力量通常是巨大的。它通常比整个管理层还具有威力，而且不受管理层地位的支配。因此，即使你是首席执行官（CEO），你也需要强大的同盟，从董事会开始吧。

想让董事会介入，有一个提示：如果说有人是股票价格的财务管理员，这些人就是董事。当公司跨越鸿沟时，跳跃式创新对于这一领域每个公司的股价都会有戏剧性的影响。因此，这种创新的当前状态——不论它们是我们的还是他人的——都是一个需要至少每年引起董事会注意的董事级议题，在迅速变化的市场中更可能是应该每年两次。

根据这种观点，我们应该布置好跳跃性技术的整个领域——公司内部的赌注、竞争对手之间的赌注，以及每个赌注相对于鸿沟的位置。在这里，管理层必须指出哪种赌注最好，但董事会必须确定其他的赌注也不被忽略，当其他人的赌注而不是我们的赌注获胜时，公司要有准备好的紧急措施。特别是当你不能让你的技术及时跨越鸿沟，你不得不采用他人的技术时，我们将后退到哪里？ Wang、Lotus、Digital Equipment 的经历是：将公司寄托在一些竞争对手的技术上，结果未能成功，随后在实际上取得胜利时，它们却失去了公司。在这一时期，董事会要保持警惕。

请注意这里的焦点不是早期市场的技术，而是正在跨越鸿沟的技术。因此，他们不是要从最近优势项目的研发活动中获得相关报告——这是如今董事会解决这一问题的典型做法，而是需要从营销部门得到有关市场开拓的报告，特别是他们需要得到一份"采用技术报告"。

董事会有必要重点关注这一报告是如何回答下列重要问题的。

在我们的新技术中，有已经得到早期市场验证的技术吗

当有人能够指明有相当数量的假想客户已经成功地运用了新技术并值

191

得借鉴时，这一问题的答案就是肯定的。而且，如果公司自有的专业服务部门在这一过程中提供了帮助，那么这将起到很大的协助作用，因为他们可能从中获得重要的经验，这将有助于公司跨越鸿沟。

是该跨越鸿沟了吗

如果管理层相信，在合作伙伴的帮助下，公司可以提出一个可行的方案，以解决会令一小部分客户大声疾呼的棘手问题，那么这个问题的答案也是肯定的。相反，如果这个解决方案在早期市场时期不可行，或者它的预期收益不具有足够的说服力，那么该候选技术或者会保持目前的早期市场时期状态并寻求另外的假想客户，或者就会被公司从名单上删除。

其目标细分市场是什么

假设是跨越鸿沟的时候了，要回答这个问题，必须引入单一垂直细分市场的概念，什么样的市场能够充当实现目标的先锋？答案是：它必须是根据最终用户的地理位置、产业、部门或职业来定义的。它应该进一步被描述为一些代表该细分市场所有重要角色的目标客户名单。如果缺乏一个明确的名单，以细分市场为基础的计划就不能得到合理解释。最后，管理层应该向董事会界定出在目标细分市场中那些需要整理的已破碎的核心业务的步骤。

成功的基本标准是什么

成功的基本标准是销售给目标客户名单上公司的技术产品的数量。这可以通过任何其他公司在同一前景下任何跳跃性的创新来衡量。现有技术的市场份额不是主题，因为它代表过去，而不是未来。目标细分市场以外的销售也不是一个相关标准，因为它无助于产生合适的动力来使公司跨越鸿沟。

与补偿金机制相联系的目标是什么

与补偿金机制相联系的目标主要是支配目标细分市场的新技术销售。按照经验来讲：如果一家公司获得了30%的市场份额，那么它是市场领导者之一；如果获得了50%的市场份额，那么它就是市场领导者；如果获得了70%的市场份额，那么它就是市场支配者了。在跨越鸿沟的过程中，公司的目标是统治第一个细分市场，继而成为随后一两个细分市场的市场领先者，然后做其他细分市场的市场领先者之一。应该重新制订管理补偿计划，以相应地反映董事会对于这些目标的重视。

跨越鸿沟计划的现状如何

一旦跨越鸿沟计划开始启动，董事会成员与管理层每次会谈时都应该询问它的实施情况。一段时间之后，即使最具抵抗性的经理也会心悦诚服地对此让步。了解你将面对的提问，如果你没有好的答案，你看上去就会像一个傻瓜，没有比这些更能产生莫大的激励作用了。

然而最重要的，是董事会要让管理团队作为一个整体来承担责任。这会迫使他们团结起来，直接与公司以前的惯性力量做斗争，而且他们不达目的誓不罢休。

为确保这一行为，整个团队的补偿金和受认可程度取决于是否能够成功地跨越鸿沟。也就是说，如果公司没能跨越鸿沟，管理团队的任何一个成员都不应该得到殊荣——无论是主管销售的副总裁，即使销售部门的业绩超过了定额；主管专业服务的副总裁，即使该部门的成绩创造了纪录；研发主管，尽管公司赢得了几项产品奖励；主管运营的副总裁，尽管他们达到了六西格玛的质量标准；还是首席财务官（CFO），尽管他的属下将待销售周转期缩短了15天。为什么呢？因为他们在取得这些成绩时忽略了正在酝酿中的重整危机。

最后，考虑到所有这些情况，跨越鸿沟的战斗不会是每个年度计划的重点。而且，当它们确实成为重点时，也只有一小部分人员真正被公司委派去执行它。其他人只简单地希望无须抵抗就可以解决问题。公司希望整个行为在一两年中就有结果。确实，如果不是这样，根本不能成功的风险就会大大增加。所以，我们并不要求董事会的监督、管理层的补偿金制度，甚至日常的商务活动等发生革命性变化。我们只要求他们承认："公司的股票价格正处于危险之中，所有成员都应该采取相应的行动。"

组建一个甘于奉献的跨越鸿沟团队

正如我们所看到的，从直线职能部门中不会自然产生合适的角色来领导公司重新跨越鸿沟，公司必须人为地组建一个重量级、具有交叉职能的管理团队。这支队伍应该由一位"高级管理者"来领导。在这一过程中，与其说他是一位积极的代理人，不如说他是一位地位很高的联系人，他有能力应对从底层直线职能部门到初始利基市场的任何抵抗。

如果没有这种发起者的参与，成熟期的日常业务惰性就很容易占上风。的确，这也是要让董事会注意这个问题，并把整个高级管理层的酬金与能否成功地跨越鸿沟联系起来的重要原因。公司最高管理层的预见性和影响力，是保证这种初始行为不迷失在混乱之中的关键。

跨越鸿沟团队本身必须是跨职能部门的，因为跨越鸿沟的努力需要所有直线职能部门的通力协作。这支队伍应该由一位"行业市场营销经理"来领导，他在目标客户的垂直市场上有很强的控制能力。因为没有时间去做市场调查，这个人最开始就必须知道客户的需求。通过界定和辨别所要解决的问题，帮助营销组织将合适的信息传递给特定的受众，以内部工作或者合作伙伴贡献来保证公司的其余人对客户问题提出完整的解决方案等方式，他可以领导公司的其他人员。

领导者必须与三个重要的起辅助作用的团队成员紧密合作。第一个是"销售经理"，他掌握着一支集中精力在目标市场销售的销售队伍。在这里，目标不是创建一支单独的销售队伍，而是开拓一个单独的销售地域，它通常是以地理区域来横向汇报的。这支队伍的人员必须对垂直目标、总体行业动态、任务重点的具体动态和作为目标客户的部门经理的工作描述等有深刻的定位。这位销售经理将花费其所有时间在目标市场内传授经验或者举行咨询性的销售会议，直到公司在垂直市场上占据主导地位。一旦公司占据了主导地位，市场定位稳定了，那时这位销售经理的责任将转向更有力量实现需求而不是创造需求的间接销售渠道中，直接销售资源将重新集中于处于保龄球道时期的下一个利基市场中。

第二个重要的团队成员是"产品营销经理"，他负责整个产品的物流和质量。在鸿沟集团，我们将其称为"整体产品经理"，他确保每个人都理解其工作不仅限于公司制造和交付的产品，还应同样延伸至管理解决方案的其他每个元素，不论它来自合作伙伴还是来自客户。产品营销经理集中精力于现有价值链终端对终端的完整性上，他是解决方案可信度的关键控制点。一旦获得了市场动力，整个产品开始自我改正，这是由于越来越多的参与者竞相提高其质量。因此，工作转向更加传统的产品营销形式，整个产品管理工作转而只负责为下一个利基市场创建解决方案。

第三个也是最后一个核心的团队成员是"专业服务经理"，他唯一的任务就是支持销售和供应项目团队将精力集中在把整个产品引入目标细分市场的客户环境之中。最初，由于早期市场的客户寻求的是其需求得到满足的保证，专业服务经理的任务会向销售工作倾斜。当市场推动力建立后，注意力将转到平衡中的供应问题上，即强调知识的获取、整个产品元素的再利用、解决方案元素与提出它们的合作伙伴之间接口的简单化，以及用已获取的经验来培训新队伍等。随着时间的流逝，这种职能将在很大程度上由专业服务转向区域销售支持，这时资源将被重新释放，支持公司渗入其他利基市场。

跨越鸿沟的团队还包括所关联的研发、运营和财务等直线职能部门。在任何情况下，目的都是规范职能部门之间的相互作用，以便使其对公司日常运营的破坏减至最小，并限制主街的惯性对跨越鸿沟产生影响。其主要的原则如下。

- **对于研发活动**，团队需要将与市场对垂直职能的具体要求隔离开来。要权衡是否应通过合作伙伴或专业服务组织来建立产品之外的新工作区，或进行研发来改进产品以满足这些要求。后者更能保证公司在利基市场中的权力，但它也启动了通向主街惯性的计划，将这些需求与其他改善要求放了一起。在这里，对于研发活动，理想的解决方案是从部门中分出一个垂直发布团队，创建一个能够嵌入标准构架中的垂直性模块。

- **对于运营活动**，团队需要将特定利基市场的特殊要求与标准的运营流程相隔离，并有组织执行所构建的解决方案。在这一过程中，我们需要让另一位解决方案合作伙伴参与进来，这非常重要，原因是：① 他们能够解释其特殊需求的细节；② 他们可以提供能够缓解公司内部运营压力的其他解决办法。如果冲突是内在而深刻的，外包跨越鸿沟所需的运营活动将是一个合理的选择。但是，这一决定会激起主街职能部门的抵制，因此需要以董事会的支持为后盾。

- **对于财务活动**，团队需要建立一个财务责任模型来满足具有时间敏感性的市场发展目标的需要，而不仅是将其视为一个以损益为标准的利润中心来评估。这至少看上去有些奇怪，因为尽管其收入总量不大，但这支队伍实际上将获得利润可观的收入。公司必须将注意力集中在重要的竞争优势上，进军主流市场将会创造比最初利基市场大得多的未来收入。因此，对公司来说，要让其针对时间而非金钱达到最优化，必须在融资、评判标准和监督等方面支持这一目标。

瓦解徘徊的抵抗力量

无论最高管理层重新决定跨越鸿沟有多么重要，总会有相当数量处于关联地位、受到威胁的中层管理人员抵制这种努力。那种认为公司能够立即、彻底进行内部清理，并从此一劳永逸的想法是不切实际的或者过于理想化。这种想法将动摇其核心文化，并通常会对公司产生致命的影响。

然而，最终获胜的行动对管理层来说仅仅就像扫雪机扫清道路一样。也就是说，我们都很明白，发生在跨越鸿沟的努力与现有主街机构之间的任何冲突中，后者都将是输家。同其他类似的情况一样，突破性的较量直到受青睐的一方在一场它无权获胜的争论中胜出时，才会发生。也就是说，直到每个人都可以看出竞争是被明显地操纵着时，有一些参与者才会试图继续抵抗。所以最好的管理方法是尽早、频繁地搞清其倾向性。

一旦弄清楚这种倾向性，公司实际上会向另一方向反弹。公司内部的许多人竞相将注意力集中于垂直性的跨越鸿沟工作上，而其他处于水平型组织的人则抱怨他们需要更多的垂直注意力。当这一现象发生时，你知道你的路走对了。其中唯一的危险在于，由于这些水平型组织采用注意力集中于垂直性业务的保护原则，管理层实际上会按照其表面价值对待它们，认为它们拥有多个待开发的目标市场。几乎可以肯定地说，这不是真实情况。相反，我们已经设定了最终危险状态的动态情形——在仅仅击倒了一个瓶后就终止了保龄球道策略。

不要仅击倒了一个瓶就停下来

正如我们上面提到的，公司一旦获得利基市场的支配地位，就能够自我强化。在利基市场中，结果越来越好，这使得整个公司在其市场开发敏锐性上获得了极大的自信。但是，就在这时，一件可笑的事情发生了。按照市场开发的顺序，现在该击打头号瓶之后的几个球瓶了，但所有已获取的经验似乎一下子飞出了窗外。公司宣布了它的下两个目标利基市场，但每个目标市场根本不是什么利基市场，而是两条完全相隔的保龄球道。接着，当它跟随这些新市场时，它完全忘记了所有破碎的关键任务流程、被扭曲的部分工作过程，转而进入以产品为中心的销售。总之，即使公司在庆祝自己牢牢抓住了垂直型利基市场时，它实际上仍在尽可能快地回避这种行为。

发生了什么？当主街的组织看到公司给予跨越鸿沟团队的垂直型利基市场特权以后，它也以此行事，并对其产品假以类似的包装。管理层将这些"代表性产品"看作在早期利基市场创造的已得到充分开发的模板，并对其做出了相应的安排，但实际上它们根本不是这类产品。他们只说空话，而没有行动。

这种行为的后果就是轮子开始停下来。第一个利基市场是好的，但其他努力带来的几个都不是很理想。经理们抱怨他们得不到在第一个利基市场所得到过的支持，但董事会不这么看，反而去责怪这一团队。与此同时，在市场中，公司开始得到单一利基市场的声誉。这导致公司的合作伙伴与内部人员之间出现偏差，或者想要加入获胜的利基市场团队，或者转向完全不同的方向。如今，董事会面临两种没有吸引力的选择——永远成为一个单一利基市场的参与者，或是从弱势位置转做一个单纯的水平型竞争者。

相反，正确的途径是找出位于第一个保龄球道里的另外一两个球瓶，以巩固公司在最初利基市场中的胜利。它们将是属于同一垂直行业但又有不同应用的利基市场。凭借在第一个利基市场（即头号瓶）中赢得的信誉，公司可以将其在随后的球瓶中新增市场份额的目标从占据市场统治地位的70%下调到50%。与此同时，如果公司拥有头号瓶70%的支配权，那么它就能瞄准第二个保龄球道。但是，那就是极限，无论你的公司有多大和多么国际化。毕竟，对于上市的成功企业来说，放弃利基市场机会实在太轻率了。

然而，一旦你让多个瓶子倒在同一个保龄球道内，一号瓶击倒了二号瓶，那么你就可以对市场采取广泛的水平进攻。在这里，关键是你发现最佳解决方法了吗？也就是说，你是否有一些拥有广泛共同需求的技术得到应用？是否有足够的吸引力让现有的实用主义者陷入蜂拥之中。如果是，即使能够继续享受在利基市场中已经拥有的特殊待遇，你也将再次改变策略，转而进入风暴市场时期，而把保龄球道时期抛在身后。如果不是，你将继续采取永远处于保龄球道时期的策略。

小　结

本章详细描述了对于现存《财富》500强企业来说它们所面临的全新、跨越鸿沟的挑战。在对这个挑战的幅度和深度发出深深感叹的同时，本章也为征服这个挑战提出了方案。换句话说，这并不是一个为自己辩解的时刻。公司的大股东和所有利益相关者都注视着，公司需要采取一些措施了。

也就是说，对于将实践运用于现存文化中的态度应该是非常强硬的，只简单提出必要的行动是不够的。经理们需要得到更好的建议将商业文化融入商业活动中，特别是当这些所需的商业活动并不被人熟悉且会产生威胁时，情况更是如此。

于是，我们将结束本章关于应对断层地带及其突破性影响的讨论，转而探究商业文化本身，试图找到支持我们所需做出的改变之有效行动。

LIVING
ON THE
FAULT LINE

第 6 部分
基业长青

断层地带 —————— LIVING ON THE FAULT LINE

在断层地带上，面对技术应用生命周期的挑战，为了股东的权益，我们必须——借用吉姆·柯林斯（Jim Collis）和杰里·帕拉斯（Jerry Porras）的话说——终生完善，因为从地震研究中我们了解到，当板块移动时，结构坚硬的建筑往往损坏最严重。而与此截然相反的是，设计建造的能随地震一起晃动的建筑物反而安然无恙。同样，当创新动摇已建立的市场地位时，公司要找到缓冲市场大变动及保存自己的市场份额平衡点。这种平衡必定只能在文化中找到。

从深处看，公司文化提供统一的价值观和实践观。这就等同于"我们是如何在这里工作的"。正像星斗之于旅行者，它们帮助旅行者确定方向。它们不是指引你穿越城镇，但它们确实为你穿越大片水域指明方向。从这个意义上讲，文化是全球性的公司灯塔。

从浅处看，公司文化的内涵确实不够确切。它不是细化工作程序，而是为公司经营管理中出现的"病情"开处方：一整套用于评估新环境的基本问题，一整套能做出恰当回应的优先策略和战术，以及一整套起决定作用的判断收益的价值观。文化不是一套规章制度，而是制定规章制度的原则，它使其员工能很好地应对无法预料且从未出现过的新环境。

一直以来，公司受益于这种文化，而且如今这种好处表现得特别突出。因为从前的市场变动频率与如今相比简直是小巫见大巫。"一分钟经理人"的时代已经成为过去，许多问题不是用"第22条军规"就能轻易解决的。与此同时，我们不得不掂量自己的实力，以应对新经营模式公司的挑战，或想办法与它们结盟。对于此，在个人层面我们如何做很大程度上与个性有关，而在集体层面我们如何做很大程度上与文化相关。

在第15章中，我们将探究四种不同类型的文化，它们都有应对市场挑战的独特方法。我们已经证实，四种文化都能维系公司的良好业绩，因而四种文化彼此间是平等的。然而，由于它们的定义是通过一种文化反对另一种文化而得出的，因此假如你公司的员工清楚"我是多少想在这儿做些事"，那么选取一种文化对于你的公司十分重要。如果不做出选择或者员工对公司的忠诚难以表达出来，公司里每个人都将彻底失去方向。

这种不明方向的情况对于管理团队来说是个巨大的挑战，而且坦率地说，绝大多数管理团队都逃避这一话题。我所描述的四种文化各有优点，正是这些优点使得它们互相渗透。因此，排除任何一种文化都是困难的，排除四种文化中的另外三种更是不可能的。的确，排除任何一种文化就意味着没有一种文化能走得远。选出公司主导文化基于正确的精神原则：当压力真正降临时，不同文化会做出不同的回应，你和你的管理团队鼓励公司的每位员工遵从哪种类型的公司文化，并将它置于其他三种文化之上？

为了保持公司文化的多元性，你应当明白，所有公司内部一直以来都是多种文化并存，即公司文化都是由多个层面组成的。作为一个整体的公司有一种文化，而某些部门或业务单元有着其他文化。的确如我们所见，许多公司把这种文化应用到不断进化的技术市场中，并满足市场不断变化的需求。所以，我们并不想多探讨公司内部文化的多元性，因为公司文化的多元性是明摆着的。

但是，文化的确是一种很灵活的东西。不同的文化相互作用时，文化间的相互作用好比有一种"进（出）口税"（即文化间的相互否定）。每一个文化群体会将其他文化的问题和价值观作为自身的参照原则。在文化运行好的时候，需要缴纳这种"进（出）口税"，只是为了获得其具有的弹性。但在危机发生时，同样的"进（出）口税"会导致执行瓶颈的产生，最终导致公司丧失竞争力。与此相比，公司通过整合先前缔造的统一的文化，能自动化解"进（出）口税"所带来的冲突，并且在执行过程中取得巨大优势。

正如我们所看到的，在断层地带谋生需要在市场发展策略中不断地实行快速的跨功能转变。在实行转变的同时，我们根本没有时间讨论繁复的文化互动内容。公司不得不预先编队飞行。这即是第 15 章要描写的永远忠诚于一种公司文化所能揭示的含义。

第 15 章

塑造公司文化

四种基本文化

为了帮助管理层对文化做出选择，比尔·施耐德（Bill Schneider）在其著作《重构的抉择》中叙述了一种极其有用的研究范式，它把文化划分为四种不同的选择类型。⊖

我们要详细研究四种文化中的每一种，但是，首先我们需要引入一套理论方法，以便让我们的研究清楚明了。

⊖ 我从《重构的抉择》一书中引用了一些图表，我深信它们的价值。同时，我自己对文中的错误负全责，责任与施耐德无关。此外，我还要感谢布拉德·斯宾塞（Brad Spencer），是他让我注意到施耐德的著作，并且为我指出其著作与特里西（Treacy）和威斯玛（Wiersema）的著作《市场领导者的原则》（The Discipline of Market Leaders）有相似之处。稍后在本章中我将讨论这一著作。

每种文化特征都源于一种基本的人类动机，而这种动机又是人类从事商业或其他活动的驱动力。个性动机正是推动和形成公司文化的核心动力所在。我们记住亚伯拉罕·马斯洛的需要层次理论，这样有利于我们弄清这些不同的文化类型。

● 需要层次理论中的基本需要是：秩序与安全需要。它是所有需要中感受最广泛的，是控制文化背后的驱动力，而且是四种文化中最好量化的。

● 如果秩序与安全需要能满足的话，人们的需要层次就会上升至归属感的需要。人们愿意归属于容纳自己的集体，成为集体的一分子。这是合作文化背后隐藏的驱动力。合作文化在合作共事与团队建设方面表现优秀。

● 当秩序与安全需要和归属感需要得到满足时，人们便关注个人成就。这是竞争文化的驱动力，在竞争方面表现优秀。

● 最后，如果上述较低层次的需要得到满足，人们会关注自我实现的需要，即最优自我的实现。这是培育文化的驱动力，它最易取得颠覆性创新的成功。

施耐德对马斯洛的需要层次进行改进，将四种文化与四种动机间的关系提炼出来。其中，最关键的是层次虽表现出先后性，但经验告诉我们，在公司取得成功时四种文化并没有孰优孰劣之分。为此，施耐德为我们展现了一个 2 × 2 的矩阵（见图 15-1 ）。

矩阵由两组偶极组成，西方文化的特征亦源于此。它们考问我们，是忠于个人多一些还是忠于集体多一些。在竞争和培育文化中，矩阵属于个人一方，而在合作和控制文化中，矩阵属于集体一方。在此，我们必须明白，没有哪种文化会否定它对面一极的文化的价值；每种文化只是表明其更偏向一方或另一方。这种偏向有助于公司加快解决棘手问题，而这些问题往往需要冗长的讨论来解决。

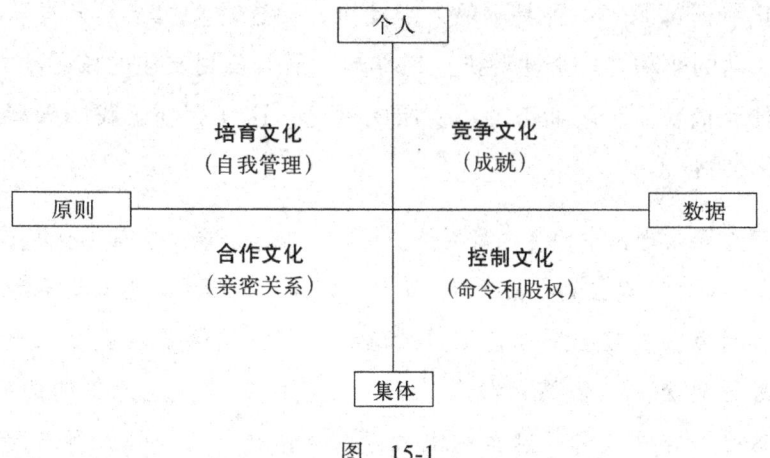

图　15-1

　　另外一对偶极是形式与内容，理想和现实或者如我们在图 15-1 所描述的原则与数据。问题的风险在于，公司以什么为依据做出重大决策？沿着竞争和控制文化向右侧看便是可测算的数据。这些数据与重大决策的做出紧密相连，在变化可以量化的情况下，我们可以用可观测指标来外在地证实这些文化。与之相对应，培育文化与合作文化的重心更偏向原则。它们借用范例和逸事揭示做出好决策的本质，而这些本质因素可在内部得到论证。证实与论证的差别是：一个用数据分析得出，而另外一个用理论来推导出。这也表达了这两种方法的根本不同。我再次强调，没有一种文化能否认另一极文化的存在与客观性；每种文化只能说明其更偏向一方或另一方。这种偏向的目的是保证公司决策的一致性——这就需要公司编队飞行。

　　这四种文化包含不同元素的组合，都有足够丰富和极具弹性的内容来支撑它们所能囊括的全球商业文化。

　　这四种文化的价值在于有着不随时间改变而改变的稳定性。当人们信奉某种文化有了一段时间，并将其内化为个人或公司的规则，那么在需要做出快速转变时，他们能够自发而顺畅地统一起来。因而，客服经理知道按团队规则办事，他们还知道整个公司会对某些问题做出什么回应。基于对规则了解所产生的预期允许公司员工在市场迅速变化时采取快速统一的行动。

记住这一思想，然后让我们分别从孤立的角度来看看这四种文化。我们以竞争文化入手，在竞争文化里，我们就要以围绕图 15-1 中的模型顺时针转动的方式开展工作。

竞争文化

竞争文化鼓励通过客观数据证实个人成就。其本质和精神就是利用人的成就动机，而成就动机因个人欲在集体中的表现而创造出更多的产品和价值。表现优秀所暗含的理念是表现比对手更棒，能打败对手赢得竞争，这是竞争文化的主要动机，而不总是为了组织利益。然而，在情况最好时，这些组织很能适应自身的策略并能极其顺畅地执行计划。竞争文化往往会问怎么办。那是因为竞争文化自身全部都是关于知道"怎么办"的。在这种文化中，人们想知道最好的解决办法。他们本能地寻求做一切事情最有效率的方法，即使是与两点之间直线最短这么简单的道理一样的方法，而且他们会不依不饶地争论这些方法。他们酷爱数据，特别是可量化、易观察的考评指标，因为这样的指标是评判他们之间争论的有效手段。

竞争文化中的领导制度是显性的，是通过专业知识的丰富与否展现出来的，它能证明领导者的执行力。领导者的权威必须以专门知识的不断丰富和执行力的不断增强为基础才能得到逐渐强化。也就是说，领导者必须以清楚、努力地说服他人的姿态来交流他的建议，而且任何人都可以挑战领导者，只要这个人在争论中更有道理。专业知识是权威通行证，谁的专业知识更丰富，谁就更有发言权，头衔与资历派不上用场。

结果，公司就成了典型的以工作为中心的"实力政治"组织。人们围绕工作项目结合在一起，比如，约见客户、首推新产品或者处理待办事务。这些项目的推进都是基于被指派工作的人的执行力。在竞争文化系统中，协调的关键就在于工作本身，依据工作需要，人员会不停地变动。竞争文化成功的关键就是要雇用最优秀的职员，然后为他们准备不断提升的高标准。他们可能故意设定高标准，但并不是无法企及的标准，而且标准经常因内部竞争得到强化。竞争文化中的绩效管理通常把被人为划分等级的员工和奖勤罚懒结合起来。当与培育文化和合作文化相互作用时，竞争文化的这种做法会激怒培育文化和合作文化的人，因为他们都认为这种行为不人道。

当与市场动态变化相互作用时，竞争文化依赖个人力量侦察市场变化，分析这一变化，提出来一套行动方案并不断修正该方案，提出市场变化与回应市场变化并能追踪这种变化的指标。竞争文化的力量就是指其组织人员完成一项任务所带来的竞争强度。完成任务的整个过程已经转化为一种快速果断地行动的能力，这种能力无可匹敌。竞争文化的缺点是过度消耗了员工的精力，特别是在市场不需要如此高的竞争强度时，竞争文化也在不停地消耗员工的精力，竞争文化倾向于只追求工作效率。

微软和思科是竞争文化比较突出的公司，特别是在微软公司，求职者必须通过几道严厉的面试程序。在面试过程中，面试官不是"王婆卖瓜自卖自夸"，而是特别关注测试求职者的能力。首先，不喜欢这种面试程序的求职者就不适合这种文化。其次，有强烈成就欲望的求职者实际上对面试会很在行，他们自己不但在面试中表现得不错，而且在公司工作也定会有突出的表现。

在其他类型文化的公司里，策划和销售部门会有本部门的竞争文化。两个部门都强调实打实的工作成果，如按时装运货物、在季度结束前完成任务等。工作成果确实能衡量和证明员工的优秀表现。这些部门的经理喜欢考评得一清二楚，不喜欢人力资源和市场营销部门的"软性原则"，因为这些原则缺乏考评业绩的刚性标准。

控制文化

控制文化鼓励通过客观数据论证来完成计划，其精神本质是利用人们对秩序的向往，用计划的刚性来掌控一个变化莫测的世界。在控制文化型的公司里，中层领导与高管信奉同样的信念：制订工作计划——按计划开展工作。在这种文化里，员工对计划高度负责是成功的基础。

控制文化因其能创造大规模的运作模式而形成一种十分可靠的体系。同时，与其他任何一种文化相比，控制文化的缺点有过之而无不及。如在面对技术驱动型市场带来的挑战时，它显得漏洞百出，特别是在断层地带需要不断、迅速地改变策略——甚至在一个计划周期内——违背控制文化所信奉的基本原则和工作节奏。因此，在当代人看来，控制文化是四种文化中问题最严重的，而且不止一位高管曾效仿控制文化，解构其内部原则。

控制文化的第一个问题就是"什么"。员工希望任务能明晰，工作的目标、分配、内容、定义都能说得清清楚楚，这样他们会有安全感。控制文化高度重视数据，它既是考核指标，又是清楚划分工作任务的方法。在控制文化运行最好时，清楚划分工作任务使得公司能高效地考核员工。在运行最糟的情况下，这种任务划分的清晰性会蜕变为繁文缛节，效率低下。

控制文化中领导者代表着权威，其决策与在组织中的头衔和所扮演的角色紧密相关。领导者掌控全局，下属被授意为领导者提供数据和议题。这样会造成文化中唯一的最大失败——下属可以用歪曲或截留数据来操控决策。

结果，公司成了典型的以命令分配工作的等级组织，公司体系中的部属职能得到强化。首先员工必须适应这种部属职能，然后工作也必须适应部属职能。正是公司每年承诺要完成多少任务激励着公司的运作。考评标准源于计划，这样就产生了一个潜在缺点，即标准可以人为制定得低一些，以确保计划能完成。如果整个市场表现超过计划设定的标准，那么这家公司就可能改变其计划，但确实是落后于市场了。这种行为会疏远培育文化和竞争文化的成员，他们都认为这种情况是因缺乏自信引起的"缄口不言"。虽然如此，但控制文化的计划实施后，其本质上是无法停止下来的，同时，只要外部世界变化未超出计划适用的范围，这种文化就能促成公司拥有绝对优势。

控制文化的雇人原则就是，找到这样一些人——他们表现出成功完成计划的能力、处理好与上司关系的能力。雇用与晋升越发有政治化的风险，这样最终会导致员工把过多精力用在人际关系而不是外部市场上。风险意识与个人责任是这一过程中不断失去的东西。

谈到市场动态管理，控制文化依赖系统侦察市场变化，制订计划，并且做出恰当的回应。控制文化的优点是，它能在一次大规模行动中高效率、高质量地实施计划。其不足之处是，不能应对外界的过快变化，更糟糕的是，在问题根本没有解决前需要对计划进程做出调整。像玛丽皇后一样，控制文化很难做急速转变。

IBM、美国通用电气公司（GE）和摩托罗拉的公司文化都是广受赞誉的控制文化。在它们当中，计划是管理活动的基础。像杰克·韦尔奇在GE能取得成功一样，只要控制文化集中注意力于外部市场，它确实会十分强大而有力。但是，当控制文化变得只关注公司内部时，因担心计划被拆解得支离破碎，经理们在意的是自己在公司的地位而不是工作——正如20世纪80年代晚期、90年代早期IBM发生的那种情况——这时公司经营方向确实变得不太明朗。

在技术型公司里，生产、制造、后勤、核算部门都倾向于有本部门的控制文化。这是因为，它们的原则很容易转化到有创造力时运转良好的程序体系中。这些体系使得来自培育文化和竞争文化的员工感到无所适从，这是因为他们需要推翻而不是强调原则。

合作文化

合作文化鼓励团队合作理念，往往以客户和合作伙伴的主观反馈作为论证标准。合作文化的精神本质就是利用人们的归属动机，通过多人一起协作取得巨大成就。与竞争文化和控制文化不同，合作文化将人和人际关系置于工作之上，相信培养人际关系和加强人际协作有助于文化的成长。合作文化特别擅长将各种人才和点子统一起来，甚至能将供应商、合作伙伴、客户的聪明才智也吸纳到公司中。比起其他任何文化，合作文化不仅善于服务他人，而且善于接纳他人的服务。从这个意义上讲，合作文化为以专业知识为核心的虚拟公司提供了一个超级平台，这也是金融市场引导我们前进的方向。

合作文化一开始便问是"谁"。人们努力了解自己周围的同事，花大量时间于引见他人或会见人际关系中的"融冰者"。合作文化对数据不感兴趣，却对与理念特别有关的洞察力感兴趣。因此，员工反复关注他人的趣闻逸事，因为这些能较好地传达合作文化的本质。在合作文化运行最佳的情况下，会形成一种信任与奉献，正是这两者成就了员工的巨大成功。在其他情况下，合作文化的公司可能蜕变为一家人人自满、自我放纵的社会俱乐部。

合作文化的领导体制是以角色而不是以专业知识或头衔为基础的，权威是具体形势下才有的。一个团队的领导者的确居于中心地位且永不变更，但是在合作文化下往往被允许代替这个领导者。合作文化的稳定性源自流程，做出决策需要按流程办，直到达成一致，而且让大家明白谁适合在特定情况下出任领导。然而，协作有些过度时，决策一致使市场动态分析陷入瘫痪的境地，而且在这种文化中，每个人都相信自己有权参与一切决策。因此，合作文化需要提高决策流程的效率。

这样，合作文化的跨职能团队自然而然就形成了。这些团队一同追寻市场机遇。保全团体就能实现质量与效益。在工作任务变换后，这一情况本质上与竞争文化是截然相反的。集体成就而非个人成就是考核的标准，这为能力稍差的成员提供了栖身之所。这一点会使培育文化与竞争文化的成员发狂，因为这两种文化都看重个人成就。然而，团队文化在建立价值链、开拓新市场时表现出惊人的能量。新业务关系带来的市场竞争力远比个人超级表现带来的收益重要。从负面来看，在市场更看重部属职能的表现而不是部属职能协作时，合作文化势必变得没有什么效率。

合作文化需要雇用能与他人相处融洽的员工，它的目标是把跨部门的合作最优化，通过团队行为取得巨大成就。因此，团队意识强的员工会得到重用与提拔。与此相反，这种文化会打压那些更适合竞争文化和培育文化的冒尖者。

为了掌控市场变化，合作文化依赖团队侦察市场变化，制订出一套行动方案。

合作文化的优点是它能平衡公司内的多样性来适应市场变化。这使其特别擅长在其计划内部协调他人利益。然而，在情况最糟糕时，合作文化不能剔除表现平平的员工，公司因而就会丧失高效率竞争的能力。

诺基亚和惠普在高科技行业是合作文化的最典型代表。特别是惠普文化，一直以来，因其优点而被人们称作惠普模式。在 20 世纪 90 年代早中期，惠普模式受到广泛推崇。然而，惠普模式也有它的缺点，即一直关注新近市场动态。惠普公司盛传一个早些时候关于创始人比尔·休利特（Bill Hewlett）的绝妙故事：一个周末，因为员工正在工作不能补充燃料，比尔就亲自拿着消防斧来到一个上锁的燃料柜前，把柜子砸开补充燃料——比尔十分注重"以人为本"。这种趣闻逸事在合作文化中很盛行。最近，合作文化为公司规模和官僚作风所累，多数资源不是用在核心决策上而是用于处理文化语境中。因为他们希望通过与这一缺点做斗争来表彰员工对公司的贡献。2002 年，在争取并购康柏的竞争中，充分暴露出了惠普的最大弱点。

在具有其他文化的公司内，销售和客服支持倾向于本部门的合作文化。在这两个部门中，大家都故意努力尝试包容不同观点，而这是竞争文化和控制文化员工提不起兴趣的。这样我们也就不奇怪为什么策划和销售人员有大量时间考虑市场推广问题了。

培育文化

培育文化重视个人的精神理念，并且通过公司最优秀员工的个人洞察力来证实这一理念。培育文化的实质是利用了人类自我实现欲望、人类潜能的完全释放，以及人类自己都不曾知晓的个人潜力的挖掘。培育文化为员工描绘将来的景象，并借此把大家聚合在一起，而后号召员工实现未来图景。

和合作文化相似，培育文化将人视为公司最宝贵的财富，但人是个人层面的人而不是公司层面的人。在合作文化下，公司更可能追求理念，而不是向事实妥协并接受现实。培育文化本质上不搞偶像崇拜，它能吸引具有高度创造性且难以忍受外部控制的人。与其他文化相比，培育文化能成功地完成巨大革新，而这些革新不是简单的计划、考核、协作等方法能办得到的。

培育文化的首个问题是"为什么"。"为什么"是把双刃剑。一方面，它会挑战外部现存的正统性；另一方面，它还会挑战内部自我的理解力。在合作文化下，趣闻逸事比数据更重要，但是在培育文化下，重视趣闻逸事不是因为它们有共同特征，而是因为它们能够俘获或传达看穿一切的洞察力，正如禅宗公案和寓言故事中的范例一样。

培育文化的领导制度有两种形式：明显具有气质魅力能吸引团队的领导体制，以及为不称职员工提供庇护所的隐性领导体制。这两种体制推动着领导者前进，让他们明白一般的手段难以完成组织的目标。结果，权力在众目睽睽之下转接到表现杰出的人手中。在这种领导体制运行最好时，它会给公司带来新鲜与活力；在运行最糟糕时，它会带来他人无法想象的自大与愈加令人讨厌的自负。

培育文化属性的组织是反组织性的。也就是说，培育文化寻求鼓励个人作为，而反对组织结构上人对人的服从。因而，没有头衔的机构遍地都是。值得做的事情会被看作一个自我组织的体系，这个体系会自发地招募和管理人才，而不需要应用外部的体系结构。因此，培育文化的公司领导者不会把标准定得过高。这是因为他们认为过高的标准难以达到，还不如只是提供个人追求的目标。正如布朗宁（Browning）所说："人的想象总应当超过他的能力，不然为什么要有天堂呢？"然而，当培育文化与控制文化相互作用时，仅把它们当作目标可能会引发一些问题。

培育文化成功的关键是雇用最优秀、最聪明的员工。最优秀、最聪明的员工被能在如此不受约束的环境中工作的特权吸引，鉴于这个原因，他们不会而被其他公司挖走。由于这里根本没有职位晋升，因此，晋升从来就不是个问题，当然是不重要的。他们唯一的原则的基础是，对工作所需资源的获得进行控制。能力差的员工会通过斥责的方式被慢慢解雇；当他们的工作所需的资源用完时，下一轮的项目计划就没他们的份儿了。

对于市场动态变化管理，培育文化依赖个人观察力调查市场动态并进行资本投资。培育文化的优点是，它能比其他文化提前预测和应对市场变化，并做出回应。这是因为，优秀人才的洞察力比客观论证表现得更好，更具有前瞻性。然而，这种能力存在严重的隐患，那就是，这些优秀人才在公司利润减少后，仍然倾向于追逐他们的幻想或"错误的主动性"，并且努力以自我放任、个人权威的正当性与个人偏执捍卫自己的实践。

培育文化最主要的例子是硅谷的建立。硅谷是两个 20 多岁才气逼人且行为怪异的年轻人建立的。硅谷的第一家公司是史蒂夫·乔布斯任总裁的

第15章 塑造公司文化

20世纪80年代早期的苹果电脑公司。史蒂夫是集培育文化优点和缺点于一身的典型领导者。表面上，史蒂夫是个很有魅力的领导者，他激励员工在最艰难的时刻用最没有可能实现的提议武装自己。实际上，他迫使有控制文化和合作文化心理的员工分散注意力，并驳回当权人士做出的决策。因此，决策权就不会超越史蒂夫个人的控制范围而扩散至组织内部。

在具有其他文化的公司里，不受欢迎的人在研发团队工作是培育文化最显著的本地化表现。这些团队围绕天才设计师而建立。这些天才设计师招募并能留住和他们一样的人才，而其他的人在外围轻手轻脚地出入，生怕打扰天才们的工作。然而，随着公司的扩张，天才设计师们变得逐渐与培育文化敌对起来，因为培育文化积极反对规章制度，而其他文化则利用规章制度探讨记录计划责任、个人服从团体、详细且可量化的考核目标。因而，无独有偶，新的革新倾向于发生在组织的边缘地带而不是其核心部位。

小　　结

我用表15-1概括上述内容。像许多与人相关的事情一样，文化不可能十分清晰地分类。但是，多种对比对管理团队掌握公司文化走向有所裨益。

正如我们从表15-1中看到的那样，四种文化中的任何一种似乎都有足够的吸引力，吸引每家公司汲取每种文化的精髓。然而，在断层地带上就要对市场动态做出快速反应，管理必须以四种文化中的一种为主，其他文化为辅。要做到这一点需要什么？那将是本书下一章也是最后一章所要谈论的主题。

215

断层地带 ———— LIVING ON THE FAULT LINE

表   15-1

	竞争文化	控制文化	合作文化	培育文化
重视	成就	秩序与安全	归属感	自我实现
奖励	表现最优者	制订计划	团队工作	创造力
优先	工作	体系	员工	理念
问题	怎么样	什么	谁	为什么
引导	专门知识	权威	进程	领导气质
组成	项目组	等级制度	不屈的团队	可能性很小
招募理由	竞争性	忠诚度	信任度	才气

第 16 章

基于股东价值而管理文化

文化的能量最显著地体现为：它提供了一种解决不定性困难的通用做法。因此，它能使互不相识的人共同解决同一问题，并在随后发现他们的独立工作已经产生了相互影响。根据通用的原则，即使是明显不同的策略也可进行调整并归结到同一策略中。

在不同文化中形成多种工作成效时，相反的事情就发生了，想要将看起来完全具有一致性的工作进行协调统一却变得非常困难，问题在于对普通基本权益没有取得一致认可，更无须谈信任。鸡毛蒜皮之事也能引发激烈争论，直到形成一种文化时，大家才能冷静下来，并选择退出或继续。

颠覆性技术所产生的不安情绪必然导致许多独立的工作，就像公司中不同部门争相对立其在市场中的位置一样。如若此种分裂仅停留在一个较低的层面上，则通常一个团队便可包容它，公司总体上安然无恙。但更大程度的分裂就需要在一系列统一的原则与制度下，跨职能组织联运协调方能解决。在缺乏预先建立的文化的情况下，这是不可能的。此外，在技术驱动型市场中，要跟上快速创新的步伐，成功企业往往更加依赖兼并与收购。这种逻辑常不被谴责，但其结果总未达期望。在断层组织中，我们认为这是由于未将文化发展建立在统一基础上。

这种糟糕的管理不应继续下去。管理者应清楚地认识到"文化"这一课题，从这样或那样的模型中对它进行检验，然后从中做出选择。这有点儿像为一家全球性公司选择一种"官方"语言，其目的不是阻止其他语言的使用，而是为大家的共同工作提供一个共同的基础。

选择一种公司文化

尽管这一过程艰辛，但有一些有利条件：通常，在管理层决定采纳一种文化之前，公司中已存在其潜文化。也就是说，很少有公司只存在一种强大的单一文化基础，同样，也很少有公司相同程度地接受了四种文化。因此，管理层的首要任务，是评测其自身成员以及整个组织的文化强度，以便寻求解决之道。

评测文化与评测个人特征非常相似，如若你参加过梅耶斯－布雷格斯（Myers-Briggs）的测试（在我自己的测试中，我的评测结果是领袖型个性特征），那你会发现文化测试几乎是一模一样的。在做这种测试之前（首先是行政团队，其次是整个组织），你会学到相同的课程：个人存在差异性，团队存在差异性，而且你也不像自己想象的那样了解自己。

最重要的，是你很可能会看到公司已被一种文化偏好所吸引。在一些情况下，一种单一文化也许已经存在：微软公司是竞争文化，通用公司是控制文化，等等。这样，一些公司的管理层要做的就是保持文化的平衡，关于这一点，我们会进一步简略地谈谈。

然而在大多数公司中，往往至少存在两种文化在竞争。在这样的情况下，第一步便是确认是哪两种文化在竞争。换言之，另两种文化能够而且应该被排除。再看这两种被确认的文化，它们是处于文化矩阵图中相邻还是对角的位置，确定这一点则影响深远。

相邻文化共享同一因素，这能成为初始工作的突破点。就像竞争文化与控制文化都通过目标数据来衡量自己一样，合作文化与培育文化都通过共享权益来做决定。同样，培育文化与竞争文化都倾向于给予个体特权，而控制文化与合作文化均倾向于给予团队特权。了解了这些，公司在遇到异常变化时，便有助于找到最佳的沟通、激励与管理的方法。

相反，如若公司中共存两种对角文化，则表明其文化相当不稳定，在公司遭遇重大变化之前必须加以解决。培育文化与控制文化天生不相容，控制文化也认为培育文化妨碍商业基本准则的实行。同样，竞争文化也害怕合作文化会拖其后腿，而合作文化却认为竞争文化丧失了人性与真实价值。无论是否有一种文化占统治地位，处于对角位置的文化都会各自发展，但由于它们不具备相互作用的共同基础，其结果总是越发失去其机能。

要知道，选择一种文化，除考虑时间与必要性外，公司本身也是一个重要因素。有以下原则可以指导公司做出选择。

（1）**选择一种具有领导性的文化**。看起来很容易理解，然而很少有公司能做到这一点，尤其是在决定其对角文化时，总是发现没有合适的人选能领导现有的或是将被引进该公司的文化。

（2）**最好改革现有文化，而不是全盘接受一种新文化**。全盘改变一种文化是困难的，且易迷失方向。改革一种文化也是困难的，但其具有再创造性。这便意味着：当人们回到第一原则时，他们发现了熟悉的朋友，这使他们更易接受新的改革者。

（3）**基于我们所讨论的所有原因，宁愿选择接受一种相邻文化，也勿**

接受对角文化。将相邻文化中的共同点作为推进改革的突破点。

（4）**尊重决定，**这需要下一年度所有领导的一致同意。在下一年度实施的所有重大项目，无论是否需要不同职能部门的合作，都会成为推动文化改革的工具。这便是我们所讲的宣扬文化。

宣扬一种文化

文化一旦被选择，就应被宣扬。文化只有宣扬才能被激活。宣扬不能仅仅停留在口头上，尽管这也是宣扬的一部分。更重要的是，让全公司认识到该文化的核心。于是，投资者定义的核心与该文化定义的核心相互影响。这成为公司最需遵循的竞争优势策略。

每种文化都有其自身核心，具体如下。

培育文化：**共同愿景。**

竞争文化：**考核与报酬。**

控制文化：**商业计划。**

合作文化：**客户需求。**

每一种文化都认为其自身核心能使公司持久稳定地发展。

宣扬文化使得这四种原则中的一种成为管理变革之初最重要的部分。管理层通过在各种重要活动中不断强调这种文化来使其得到宣扬。这使得每一个组织都接受它、采纳它，将其与现实环境相联系，并用其来解释团队中的成功与失败。这种原则不一定非得附上其他三种原则，而只是必须占主导地位。这在本土文化的管理中最常见。

大多数销售文化都是竞争文化。我们是怎么知道的呢？因为大多数销售经理总是在谈论任务与报酬。大多数财务文化都是控制文化。我们又是

第 16 章 基于股东价值而管理文化

如何知晓的呢？因为他们总是谈到商业计划及其偏差。通过对市场营销文化的观察，我们可以发现他们强调客户需求；观察研发文化，我们会发现他们乐于互通观点。

为避免变革管理中可能发生的错误，管理层必须将这种文化宣扬提升到全球视野的高度，赋予公司一种员工、客户、合作者与投资者都能接受的特征。人们必须搞清楚"我们在这儿是如何经营的"，然后才能接受新文化。大家都知道通用电气公司奉行控制文化，于是便依此行事。他们知道要想被重视，就必须将自己的工作与商业总计划联系起来。同样，嘉信公司的员工都知道它奉行合作文化。如果他们想得到重视，就必须将自己的工作与强烈的客户需求相关联。这些都是相当有用的原则。

从本质上说，我们所谈的都是新文化所代表的公司市场计划。就像市场营销中的所有事情一样，这种宣扬不能误解为单向的沟通。事实上，倾听与反馈比单纯宣讲重要得多。通过倾听，我们让焦虑与迷惑显露出来；通过反馈，我们知道新文化是怎样要求其员工处理问题的。在此，我们必须明确两项前提：第一，我们容许人们对重大变革心存不安；第二，在短时间内我们并没有机会来重新审视这一选择。因此，这不是让人们重新进行选择的时候，而是一定要将文化进行宣扬的时候，即使有些人不喜欢它，他们也不能忽视它。

发展一种文化：融合、平衡与完满

即使新文化被宣扬了，它也需要系统性的发展。在《重构的抉择》中，施耐德列出三个步骤来完成这一发展。第一步是融合，即审视、重建（如有必要）公司体系以符合所选文化的价值需求。这里，我们所指的公司体系是指支持职能部门发展的二线职能，具体包括：

221

- 组织体制。
- 信息系统。
- 计划。
- 报酬。
- 人力资源管理。
- 公共关系。
- 法规。
- 设备。
- 安保。

这些体系的重要性在于它们深入公司的每个角落。因此，只要它们很好地接受了新文化，这些信息便会每天被千万次地重复。

请勿忽视象征的能量。每一种商业元素都呈现该文化所决定的特征，即使像设备或安保这样寻常的也有其特征。那是因为所有活动都有其特殊意义，而行政管理的任务就是将这些特殊意义组合进同一文化主题中。如若每人都得戴徽章，那是什么培育文化？如若行政部门都不执行，那是什么控制文化？如若所有一线职能部门分散于不同建筑之内，那是什么合作文化？如若每人都得准点上班，加薪幅度不得超过3%，那是什么竞争文化？凡事必须具有象征意味，每件事情都会传达一定的信息。

融合的意义在于它容许文化发现、认识真实的本我。这样，它便能强调文化的风格和能量，这都拜市场中更强的竞争优势所赐，这说明该种文化倾向于符合现实技术进步的要求。当市场要求与文化不符合时，问题就来了。当公司选择的文化与市场偏好的文化呈对角时，它将做何反应？在此，人们必须学习文化管理的第二条，施耐德称之为平衡。

平衡的关键在于在不摒弃自身文化的同时，取得相反文化的成效。要做到这一点，关键是采纳对角文化的原则而不是其实践策略。因此，对于处于危险境地的合作文化而言，它须采纳竞争文化的"赢者制胜"的理念，却并不抛弃自身的协作基础。也就是说，它在协作的基础上，完成竞争优势的提升。也就是说，它以团队而不是以个人为单位进行竞争。同样，跨越冲突的竞争文化也是一种协作，但它不能为与其他团队更亲密合作而放弃自身竞争文化中的良好部分，那对于竞争文化而言是不可能的。相反，它应激发人们的斗志，通过竞赛来看谁能在客户满意度上得分最高。换言之，它必须运用竞争来效仿协作并达成其最终目的。这有点儿像亚马逊网。在亚马逊，客户服务软件并不是客户真正想要的，但它的成功之处就在于，它让你觉得你是需要购买它的。

在文化发展中，这会把我们带到施耐德所说的第三阶段，也是最后阶段，即"完全行动"。从这一点来看，我们对文化的讨论已集中于对一种整体的公司文化的讨论。但是，正如我们已经多次解释的那样，在组织的各个层次都存在次文化。也就是说，每个部门和团队都完全能形成本部门的文化，并自我组织维护一种独立于公司文化的部门内部文化。

这样就形成了一种环境。在该环境中，整体文化可以包容其他两种相类似的文化。这种文化环境的形成不是因系统的改变而仅仅是让人们关注本部门文化。形成的方式，是重视组织中的某些"反文化"成就，但是它对于公司的健康成长必须是有所贡献的。如此一来，公司文化就不会因过于单一而失去活力。

在整个技术采用生命周期中，加速最后时段增长目标的实现是实现持续一致收益的关键。这个世界千变万化，单单一个公式无法解决所有问题。但在寻求补救时，你要明白追求一种整体文化是不对的。那是因为，本部门文化重视本部门的特点。

总之，发展融合、平衡、完满的公司文化是一段旅程，而不是目的地。在达尔文的世界里，任何层次的成就迟早都是要被再创造的。也就是说，在一个强调通过吞并来追求增长的商业环境中，这种再创造到来得比想象中要早。

合并与并购：在文化崩溃时

我们在本章开篇提到，近年来，高科技领域许多最成功的公司已经转向合并与并购，它们借此使自己跟上市场的脚步。然而，尽管并购做出了巨大努力，并购公司花费了巨额资本，但令人痛心的是大多数并购后的公司发展得并不好。有人发现，几年的合并阵痛后，新公司股东的权益不是上涨而是下降了。

我们始终认为，绝大多数并购之所以失败是因为两家公司的文化互相冲突，而管理层又未能迅速解决这一冲突。因此，需要把公司文化归零，重组决策机构，重新为新合并的公司认同、提倡和发展一种整体文化。

当然，我们有捷径办到这一点。最简单的办法就是将当前的整体文化植入合并后的公司文化。利用这一方法，联合电脑公司在20世纪整个80年代及90年代初成功管理好了一系列并购带来的问题。联合电脑公司运行的是一种控制文化，而且管理过渡得很顺畅。被兼并的公司剥离得只剩下产品和一群起支柱作用的核心工作师，然后将他们吸纳到公司中。公司将其余人员全部解雇，这有些残忍，但是有效率。在我看来，这是很公平的。

思科公司则采取了完全不同的并购方式并取得成功。思科公司运行的是竞争文化，它计划保留被兼并公司的研发和产品销售部门——的确，如果思科公司想继续提升自己在网络设备技术领域的竞争力，它就必须这样做。因此，思科公司并没有把这些团队吸收到思科公司中，而是鼓励他们进行独立运作。同时，思科公司立即把其他部门，如销售、售后服务、后勤、财政、人力资源管理等部门吸收到公司中，所有的部门都必须依从思科公司文化行事。

对比之下，我们来看看以下几次适得其反的并购故事。

20世纪80年代，控制文化占主导地位的IBM并购培育文化占主导地位的罗姆（Rolm）公司。一段时间内，IBM发誓允许罗姆公司的员工按照他们原来的公司文化行事，然而，不公开的文化转变导致无法沟通和相互信任。不久，IBM 的员工进入罗姆公司并主张 IBM 的控制文化，这致使罗姆公司的核心工程师犯了重大过错。最后，以 IBM 退出这次并购结束。

类似的故事也发生在惠普（HP）公司身上。当时，惠普公司（合作文化占主导地位）并购阿波罗公司（竞争文化在主导地位）。惠普公司当时对自己的公司文化很有信心，认为惠普公司文化能赢得阿波罗公司工程师的认同。但实际上，工程师认为惠普公司的合作文化糟透了，他们不想成为惠普公司的员工。结果，起初打算借此次结盟推翻太阳公司的霸主地位，没想到未达到目的。最终，惠普公司重新关注其在商业服务领域的 UNIX 业务。

罗列上述公司的故事不是为了责备它们，而是告诉大家文化管理是公司成功的关键因素之一，而且文化管理绝非易事。在每个并购计划中，我们必须提倡新文化的认同，使大家能在同一种文化环境下和谐地工作，忽视这一点就意味着置合并后新组成的公司于漫无目的的危险境地。即使知道计划要运行的是合并后新组成的公司的文化，但文化所主张的也会因被兼并公司的文化而有所不同。谈论这些问题并且进行正确的文化过渡，能为股东节省成百万甚至是数十亿美元的资金。

文化老化：当文化语境取代核心时

在任何文化中，当我们称文化语境超过核心时，文化就开始从一种重要的力量来源演化为一整套限制规定。这种情况很容易发生，超乎我们的想象。

因文化语境是为了让组织更好地存在下去，为此，员工想保住饭碗或者扩展文化语境。他们怎样获得工作资源呢？通过乔装打扮成核心吗？他们为了骗过公司的免疫系统，以文化的名义把自身伪装成核心，而实际上，他们的这一做法对公司是不利的。但是，表象掩盖不了的是他们并不能真正取得优势地位。

一种文化丧失其文化核心，也就意味着它本身只能是东施效颦，学不到西施的内在气质。其结果，自然在外人看来是极其荒诞的。然而，其员工却对此熟视无睹。因此，这一点能帮助文化管理者了解外部应当寻求什么。为了帮助管理团队知道怎么行动，在本章快结束时，我要对文化在遇到风险时会呈现何种情形做一番评论。

遇到风险时的培育文化

在培育文化里，如果文化语境盖过核心，那结果必然会造成"盲目崇拜"，在任何地方都能见到这种现象。过去能带来奇思妙想的东西如今为心中的偶像所取代。比如，在餐厅放张乒乓球台或者想象消防员的梯子在两层楼之间滑动，员工需要带宠物狗上班的权利、发他们认为有权在上班时间发的激情似火的电子邮件。然而，在活力四射的培育文化中，核心使命是努力工作，这些行为就可能而且应该被忽略。当这些行为成为工作中固有的一部分时，培育文化就陷入麻烦当中了。这些行为肯定在苹果公司发生过，且发生在发行股票之后、建立自己公司网站之时。风险也发生在IBM、朗讯、惠普、施乐等公司的实验室里。当然，发生这种情况不是高科技公司的专利，很明显，它也会发生在其他如广告代理公司、投资银行以及好莱坞的代理公司。这些公司之所以"有病"是因为它们的内部员工不受约束，员工自我极度膨胀。由于它们的文化逃避指标，又是长久以来所持旧世界观的产物——公司领导成了陈旧观念的牺牲品。因为他们选择对

第 16 章　基于股东价值而管理文化

此视而不见，所以任何事情和结果都不会让他们对其企业家意志进行修正。在这些情况下，有魅力的领导总是模仿公司董事，有取代董事的意念，尽管还没有这种倾向。死亡螺旋对此能有突出贡献，它势必会快乐而非悲伤地结束。

培育文化已误入歧途无法回头。他们必须将其舍弃，然后在别的地方重新构建。一旦培育文化的"魔法"失灵，"重构"很可能是虚无缥缈的。什么使得硅谷成为培育文化的巨大温床？答案是：硅谷能很轻松地走出失败阴影，重新开始。这也会有不利的一面。这可能类似杰克·尼科尔森（Jack Nicholson）的一句来自电影《尽善尽美》中的著名台词："当我想象一位富有魅力的企业家时，我脑海里浮现的只是一位丧失理性和责任感的工程师。"然而，通过控制员工接触资本的权限，最终，硅谷实际上加强了员工的责任感——这就是硅谷生态系统的潜力所在。

遇到风险时的竞争文化

竞争文化卡壳于语境而非核心，使它演变为一个与他们关系疏远且愤世嫉俗的精神领导的等级制度。"实力政治"的所有表征一应俱全，但是，按劳取酬的评价标准更关注公司内部，而对公司外部市场的影响越来越小。竞争文化仍用不计其数的测评来考核员工，但它最终并不将这些与竞争优势带来的收益和股东价值联系起来。然而，它却将晋升与文化联系在一起，因此努力地追求竞争文化的建设。这使公司成为控制森严的中世纪行会——法律、医学、会计都被严格控制——培训员工掌握大量数据和工作程序，不是为真正能起作用的变化做准备。为什么会发生这样的事呢？

在竞争文化中，考核标准是公司目标的替代品——没人质问它，而且

227

它就是成就的焦点。诸如，圣诞时节将新产品投放市场、提高下一块微处理器的频率以及降低新打印机的价格。所有与市场价值相符的目标，都是好目标。但是，如果市场不再看重这些作为，所有这些目标责任制由核心变成了文化语境，而且文化没有侦察市场变化的机制。这就是只盯住老对手而忽视新消费群体需付出的代价，这样只会忽视公司未来产品的开发。

遇到风险时的控制文化

我们考察控制文化会发现，它也有类似的问题——官僚作风。的确，官僚作风与我们的头屑有些类似，但它似乎更像胆固醇的堆积—慢慢作用并且不停恶化我们的生活质量，最终置人于死地。

官僚政治是控制文化过程和程序在语境中的应用，控制过程需要消耗大量的时间、人才和管理资源。

当情况倾向于语境而非核心时，控制过程将大量公司资源花费到一些微不足道的小事情上，这会耗尽用来真正创造效益的那部分资源。因此，大多数公司对管理不满不是因为管理本身有错，不是因为管理的意图低俗，不是因为计划的目标不值得为之奋斗，而只是因为太多的官僚机构受到强制管理，用于解决眼前问题的资源十分有限。

但是，在公司把管理带入工作任务中之前，它理应十分关切管理机构自身的运作。管理机构围绕语境开始工作，这是导致公司无法跨越鸿沟的头号杀手。管理机构把公司资源耗尽了，而且还在一些永不停歇的工作会议上浪费其他资源，这些会议并不是为了提高公司的股价，所有这些原因导致了革新所需资源的极度匮乏。如果新的团队不遵从这一公司文化，它会遭到同事的排挤，而且没人愿意与其结盟进行下一场资源争夺战。因此，任何政治要实际改变股东价值的行动谋划会很快被驯服，而且懂得在这儿怎样开展工作的是语境而不是核心。

正如我们已经说过的，精简管理部门和重新规划行政机构都不能从根本上解决问题。两者都只是更加注意时间、人才和管理。这样仅有的出路是：将语境职能外包。如果你对此不管不顾，那就等于允许管理机构吞噬公司的活力。

遇到风险时的合作文化

合作文化很容易屈从于文化语境，因为聚集一个团队做任何工作都能满足其归属的主要动机。因此，合作文化员工会觉得加班很不错，即使这对股东价值毫无意义。但是，在股价最终反映公司的业绩时，合作文化便使公司陷入窘境，因为公司太晚意识到它们已经让大股东很失望。

文化语境泛滥的合作文化让公司变成了俱乐部。每个员工都能自由发表看法：① 不关自己的事；② 这件事根本就不值得讨论。怎么会这样呢？这是因为合作文化尊重个人，他们在公司不需要个人突出的业绩就能取得这种尊重。结果，所有行动受制于一张瘫痪的评论网。在笔者写本书时，惠普公司正经受这个问题的折磨，并了解到这个问题并不是一时半会儿能解决的。20世纪的后十年中，Digital Equipment Corporation受这个问题所累，而且一股脑儿被人兼并了。

改革合作文化必须从最高层发出指令，中层领导具体实施。在合作文化中，由于中层领导更多地参与一些具体的工作会议，因而由他们主动限制被员工滥用的发表意见的权利，解雇业绩平平的员工。这项任务不能委托给他人，否则，它自身又成了另外一部分的文化语境——因此这项任务的真正难点在于，考虑清楚由谁来完成这项任务，什么任务在吸引他们的注意力。

以文化收尾

只要我们从事商业活动，文化就是这样一个东西：既十分重要又难以管理。（你知道它的分类：在文化中，你重新点燃与配偶浪漫的爱情，紧跟孩子听的音乐潮流，用大联盟的会员卡看超级杯比赛。）偶有灵感的总裁会通过管理文化创造效益，但在绝大多数情况下，文化只是人们的谈资而非精心照料的对象。

人们往往忽视的问题是，市场被断层地带阻断时，文化根本不起作用。以下两种趋势会使该问题达到顶点：

- 需要对技术市场的动态变化给出全面的回应。
- 需要通过并购扩大组织规模。

没有主动的文化管理，上述两种需要都不可能成功地得到满足。本章的目的一直是为管理人员提供一个理论框架和概念，从而完成文化管理这一任务。我最终要传达的是，在既定的遗产、核心竞争力、市场地位、人力资源及管理团队的基础上，通过提高、提倡、发展一种能使你的公司在竞争中取得成功的文化。

上面的一番讨论让我知道，文化管理决策需要董事会层面做出倡议，他们应该向行政管理层主动提出建议，让管理层给出研究各种情况的可能性，然后向董事会提出意见和建议。一旦提倡的文化被大家认同，所有人（包括董事会和高管成员）必须拧成一股绳，通过持续强调该文化来宣扬该

第 16 章　基于股东价值而管理文化

文化。

在文化管理中，行动是最基础、最重要的，而且应一贯地坚持。我认为，清晰、专心的文化管理是股东价值增加的直接决定因素，也是公司董事会和管理团队的信托责任。借用一句老话：要么与我辩论，要么行动吧！由你决定。

后 记 ——————————————————————

淡化文化语境，强化核心

这本书写到最后，我们好像兜了个圈子。就像 T. S. 艾略特（T. S. Eliot）所说的，"我们探索的结果就是到达我们的起点，但第一次真正了解它"。在我们这儿，我们开始于为股东价值而经营的公司必须舍弃其他、追求核心价值的理念。

我们所谈的核心价值是能提升股票价格的一切行为，是对股东价值的强烈追求，主要观点就是：股票价格是竞争优势的间接衡量标准（第 1 部分）。我们意识到，为提升股票价格，公司必须提升竞争优势，而这使得我们要解释一下为谋求股东价值的经营原则（第 2 部分）。于是，这让我们建立了一个更加完整的竞争优势模型（第 3 部分），进而探索它如何在技术采用生命周期的不同阶段发挥作用（第 4 部分）。我们发现，竞争优势策略的改变比大多数公司设想的要频繁、剧烈得多。如果公司未解决这一难题，其结局是往往使改革者陷入不知所措的迷茫境地（第 5 部分）。我们探究这些难题，然后为解决它们制订初步计划。然而，这些计划只是权宜之计。因此，我们描绘了四种文化的一个架构——任何一种文化如果能得到恰当的发展和宣扬，它就能适应市场变化的需要（第6部分）。

在本书开篇，我们提出的测试方法仍然需要我们进行论证。每种文化怎样才能应对"淡化文化语境，强化核心"这一挑战？截至目前，我们知道最简单的答案是：以不同的方式应对。在本书即将收尾之时，我至少应当草绘出四种文化的前景，让你和你的管理团队依自己的喜好进行选择。

培育文化的公司最善于淡化语境——因为它们对此视而不见。这种行为通常被描绘为对淡化语境心不在焉。但是，我敢打赌，情况并非如此。同十几岁的青少年不愿意整理房间一样，培育文化只对杂乱的核心感兴趣。培育文化在一个或多个隐匿领导的领导下，许多天才干起了当初被放弃的工作，不管这些工作该不该他们做，甚至根本就不值得做。

这一机制在某个层面有天才监管的情况下能运行得很好。由于这一机制会被人炫耀地滥用，因而必须有能辨别真伪的天才不断地对它进行把脉和诊疗。这种人是艺术总监，他能本能地辨别出什么是新鲜的、什么是已经腐败的。史蒂夫·乔布斯在苹果公司就明显地扮演了这个角色，而且风险资本家组成的董事会也常常扮演这一角色。他们让公司从向下运行的手扶电梯上往上爬，使公司走出舒适区，把公司推向改革的风口浪尖，激励那些爬得不够快和高的员工爬得更快更高些，或者让他们撤出该领域（或者收回他们的工作资源）。如果培育文化想与外部世界保持联系，那么残酷的达尔文主义机制就应该完全得到执行。

竞争文化通过不断地自证使自己不偏离轨道。但是，如果核心由一位艺术总监的主观洞察力决定，那么这些文化会将公司易测评的成果客观化。在竞争文化中，语境以两种方式超越核心。首先，公司的整个目标成了经营文化语境。那时，目标就不再提供竞争性差异了。

233

在那些情况下，竞争文化能通过排除阻碍淡化语境，但是，它们又必须系统地将其语境外包，主动监管语境的增长。如果不这样做的话，它们将会增加公司人才库的工作量，超出员工的容忍度，无谓地消耗他们的精力。在这儿，我们有个办法，即把文化语境工作分配给临时工或合同工，然而，社会与政府的抵制堵死了这条路。因此，仅有的长久之计是，重新把工作计划归类，分为要外包的和需要本公司投入人力物力的，并且按照计划开展工作。由于竞争文化熟悉易察的指标，它们更能设计出高效率的外包商服务协议，很好地定位并朝此方向努力赢得成功。

在竞争文化中，目标的指标如果不能反映最终目标的实现过程，那么竞争文化发生危险的可能性会更大。毕竟，指标仅仅反映更大计划的重大变化。当指标本身成为目标的一部分时，竞争意识较强的个人就会寻找捷径完成指标，即使这样做违背了指标的本意。二者择其一，设定目标的管理可能会陷入一种困境，即只会盲目地重复旧的指标，而不会随市场变化重新审视目标，建构新的指标。竞争文化的最鲜明特征就是得到自己付出的。因此，管理必须每年警惕自身，保证这一点，确保员工付出的对象是科学的指标。

竞争文化妄想自己与真正的核心紧密相连。换句话说，它们"航行"时会与其竞争对手保持一段安全距离。如果它们不按照现有的目标行事，那么它们就必须找到更具野心的目标，或者在找不到合适的竞争对手时自我加压。这种无休止的竞争和考验无法摆脱，因为员工很快就会明白这样竞争下去是不会赢得竞争的。此时此刻，竞争文化的风险，是在集中精力超过竞争对手时，它们走上了一条错误的道路，仅仅是因为其他的对手也在走。因而，最后的竞争需要的是以更高目标前进的能力，把核心层看成公司内部竞争动机与外部价值创造活动的结合。

控制文化通过修改计划和调整工作流程与商业流程来适应市场的变化，

逐渐淡化文化语境。控制文化的最大挑战，是中断的新技术市场模式需要现今公司价值链的完全解构和重构。在那时，旧体制的结尾和历史性会阻碍公司向新的体制过渡。能够超越这种障碍的制胜武器是商业计划，但是计划改革不能因此自下而上，而是必须形成于高层，以中层管理者为关节点，向下推行计划改革。

在上述方针的指引下，控制文化必须首先计划怎样减少文化语境的影响，并执行该计划。计划的内容应当围绕：① 在管理层面引导核心层与文化语境的运作；② 弄明白会最大量剥夺资源的文化语境；③ 每一块工作指派一个团队或一个行政负责人；④ 让他们计划寻找、选择外包承接商；⑤ 执行计划。一旦这个计划开始实施，即使一部分机构没有被如数裁撤，也会懂得在下一次计划周期内必须按照新的计划来定位自己的功能。

与其他文化相比，控制文化能成功商讨减少下属的权力，提升核心层权力的关键是管理团队真正成为核心。迈克·万斯（Mike Vance）——一位富有创造力的咨询师，讲了一个帮助梅奥诊所（Mayo Clinic）董事会渡过难关的传奇故事。梅奥诊所的董事们想知道成为一家更富有创造力的公司的关键是什么。万斯告诉他们，富有创造力的公司唯一的共同点是员工在公司工作会感觉很棒。"很棒？"董事们质问道。万斯感觉没说清楚，于是，他突发奇想。此时，董事会已经集合，准备召开一次为时三天的非现场办公会，讨论和通过公司未来五年计划。万斯建议董事会允许他在现场表决计划。董事会主席表示默许。万斯立即宣布："你们刚刚允许一个陌生人来参加董事会并表决你们的五年计划——这样就很棒。"董事会继续开会，花了三天时间讨论梅奥诊所未来将遇见的每个问题，唯独没有五年计划。而且他们讨论所遵循的唯一标准是——"是的，那样很棒吗？"所以，对于控制文化，当它开始淡化语境、强化核心时，它的解决办法就是要让人感到很棒。

最后，让我们来看看**合作文化**。合作文化不断改变对消费者的关注，确保自己的努力能增加公司价值。然而，在稳定的市场中，这一机制可能脱离市场，因为"消费者"可能代表整个价值链的下游。公司的员工可能把自己公司内部的同事当成真正的消费者，不一而足。这会导致越来越多的精力被用于满足同事或朋友而不是最终的消费者需要，也将形成一个成员间既没有动机又没有机制的舒适系统。因而，合作文化首先必须明白真正的消费者需要，而不是价值链上的每个环节。

如果这个参照系不改变，在面对重新规划价值链时，合作文化将会陷入瘫痪的境地，这也是确保公司在主街维系持久竞争力的关键一步。

然而，合作文化的最大挑战是，改革的停滞迫使公司放弃整条价值链，这与合作文化的基本动机——归属感是完全背离的。而且，员工在不能为公司创造价值很久后仍然忠诚于公司。关于这个问题最极端的例子，是当减少融资的情况发生在消费者群体内部时，老的"最终客户"被新的终端消费者取代，就像电话工业领域所发生的一样，电话和传真信息不必向办公室汇报，而是转接给信息技术部门了。

在那些情况下，合作文化必须追根溯源再次求助于一如既往的售后服务，与别的任何文化相比，合作文化都更可能挑战正确的态度和最棒的专门知识。合作文化就是重新构架对市场的理解。当然，依据的标准是新的需要全新产品的消费者。同时，新产品供应又会形成新的价值链。这在本质上是一次飞跃。要想办到这些，我们面对的挑战就是放弃老客户，但不要让老客户觉得我们唯利是图。必须是从上而下从根本上改变这些原动力，而不是自下而上地。在这个过程中，有许多问题需要我们解决。

总之，四种文化中的任何一种都能很好地淡化语境、强化核心，总的来说这可以概括为组织再生。每种文化语境下，只要在现有市场结构中不断进行改革，公司就能不断自我更新。此时，管理的主要作用就是加强文

后　记　淡化文化语境，强化核心

化的本质属性，即促进公司的发展。但是，如果公司的改革被迫中断（不管是来自组织内部还是外部的），那么公司都要积极给予回应。为公司改革过渡保驾护航，管理层必须从上至下及时明确地进行干预。在需要干预的情况下，管理必须高度明确责任，而在需要调整以适应下一次技术浪潮的组织原则中做出英勇的贡献。

本书的目标一直是强化领导作用。在本书中，所有的模型和隐喻都是为管理层提供借鉴，利用这些模型或隐喻，领导层与管理层进行良性互动，精确描绘市场变化，并且准确提出应对策略。

在本书的结尾部分，我要谈谈勇气问题。尤其是对于那些在主街叱咤风云几十年的大公司，在它们的管理记忆中它们没有中断过改革，尽管新的市场竞争对手确实后生可畏。我想让诸位了解的一个看法是：如果说领导需要勇气，那么，我们应当认识到人只有在害怕时才需要勇气；如果你不害怕，那只能说明你没有在领导。

致以最好的祝愿，愿上帝赐福于你！

杰弗里·摩尔

推荐阅读

读懂未来前沿趋势

一本书读懂碳中和
安永碳中和课题组 著
ISBN：978-7-111-68834-1

双重冲击：大国博弈的未来与未来的世界经济
李晓 著
ISBN：978-7-111-70154-5

一本书读懂 ESG
安永 ESG 课题组 著
ISBN：978-7-111-75390-2

数字化转型路线图：智能商业实操手册
[美]托尼·萨尔德哈（Tony Saldanha）
ISBN：978-7-111-67907-3